差异教育 成果丛书
Achievements on Differentiation Education

丛书主编：楼朝辉 施民贵

从差异出发

数学活动导学单的设计与实践

张　麟◎著

ZHEJIANG UNIVERSITY PRESS
浙江大学出版社

图书在版编目（CIP）数据

从差异出发：数学活动导学单的设计与实践 / 张麟
著. — 杭州：浙江大学出版社，2021.12
　ISBN 978-7-308-21968-6

　Ⅰ. ①从… Ⅱ. ①张… Ⅲ. ①数学课－教学研究－
中小学 Ⅳ. ①G633.602

　中国版本图书馆CIP数据核字（2021）第232331号

从差异出发：数学活动导学单的设计与实践
张　麟　著

责任编辑	谢　焕
责任校对	陈　欣
封面设计	周　灵
出版发行	浙江大学出版社
	（杭州市天目山路148号　　邮政编码　310007）
	（网址：http://www.zjupress.com）
排　　版	杭州林智广告有限公司
印　　刷	杭州高腾印务有限公司
开　　本	710mm×1000mm　1/16
印　　张	13.5
字　　数	210千
版 印 次	2021年12月第1版　2021年12月第1次印刷
书　　号	ISBN 978-7-308-21968-6
定　　价	53.00元

序

巩子坤 [①]

"因材施教"是孔子教学实践的核心思想之一，历史的长河流淌了2500多年，时至今日，它仍是当下的教育理念，仍然是每个教师不懈追求的目标。在班级授课制下，如何做到有效地"因材施教"？如何让每个孩子找到适合自己的学习时空？每一位教师都在尝试探索，躬身实践。

打开张麟老师的新作，首先感受到的是该研究成果的实践理性，这恰恰体现了一线实践者的研究优势：思考、实践与理论的高度吻合。当遇到教学实践中的真实问题时，就开始了教学探索与理论探寻，在尝试、探索的过程中不断调整、总结，提炼实践和理论，最后得到研究的理论成果与实践案例，这样的研究可以解决教学实践的真问题，因而，研究的结论与建议真实有效。其次，我还感受到一所学校的文化积淀对教师产生的至关重要的影响。天长小学三十多年来一直致力于差异教学的研究，其成果获得了国家级教学成果一等奖，这就为开展本研究提供了肥沃的研究土壤与安静的研究环境，在这样的环境下，自然会流淌出清如许的研究课题与研究成果。

通读这本新作后，有三点印象比较深刻。

一是解决课堂教学中的真问题，选题贴合实际。

---

① 作者系杭州师范大学教授，教育学博士，心理学博士后，国培专家，政府特殊津贴获得者，杭州师范大学学科教育研究中心副主任。

一线教师做研究，如何选题非常重要。选题需要考虑价值性、实效性和可行性，要清楚这项研究针对的具体问题是什么，研究这个问题对推进课堂教学会有怎样的价值，是否有相应的准备和条件开展该研究。

张麟老师研究的问题是差异教学背景下课堂活动导学单的设计与实践。在教学实践中活动导学单的使用很普遍，但在实践中往往存在着困惑点：活动导学单作为学习的脚手架可以帮助学生明晰学习目标、理清学习思路、明了学习路径，但学生间客观存在差异，如何解决学生差异的多样性与活动导学单的统一性之间的矛盾？如何在设计活动导学单时就充分考虑到学生的差异，让学生拥有更多的选择，从而让一份活动导学单能够适应具有差异的不同层次孩子的认知实际与认知需求，让每个孩子都有可能找到属于自己的学习路径？在此背景下，活动导学单就具有了因人、因课、因知识点顺势而导的功能，就被赋予了更高的价值与意义。在差异教学的大背景下，活动导学单的研究意义就更加凸显了。

二是真正在课堂教学中解决问题，研究成果真实有效。

研究需要进行实践，经过实践验证的研究更具有生命力。一线教师进行研究，最可贵的就是可以在课堂教学中提出解决方案，并检验解决方案的有效性。

张麟老师的研究用了多种研究方法，其中最重要的是行动研究法。在实践年级的课堂教学中，他将活动导学单进行了差异化的设计，从多个角度出发增强活动导学单的包容性和适应性，促使每个孩子都能利用活动导学单开展学习、有所收获。他所提炼的活动导学单设计策略、使用策略、评价策略都是经过实践生成的，又在实践中得以运用和验证，具有一定的科学性和可复制性，值得老师们借鉴。从各项调查数据的反馈来看，本项研究的成果取得了一定的成效。

三是真心实意做研究，坚持终有收获。

研究是做出来的，不是写出来的。做研究需要真情实意，需要耐力勇气。在研究的过程中总会碰到这样或那样的问题，如果只是一时兴起，遇到困难的时候，就容易中途放弃、无果而终。研究更像是一场马拉松，要做足应对困难的准备，要有咬定青山不放松的毅力，坚持向前才能到达目的地。

据我所知，张麟老师的这项研究，前后持续了五年多时间。从一开始制定研究方案，到实施再到调整后的再实践，其中克服了很多困难。在将研究的成果整理成文的过程中，又经历了几次修改和完善，最后终于顺利出版，这期间付出的心血旁人无法想象。能够坚持一路走下来，与他对数学教学的热情是分不开的：只有发自内心的喜爱、投入和责任感，才能让人持之以恒。这个过程可能是枯燥的、乏味的、辛苦的，但坚持下来才会感受到成长的乐趣，感受到成功的幸福：这本书就是他的成长，就是坚持的成果。

差异教学的最终目标就是让每个孩子都能在课堂上找到属于自己的那片蔚蓝的天空，都能够在这片天空自由地翱翔。希望张麟老师在今后的专业发展道路上继续探索、努力前行，祝愿他创造出更多的优秀成果，寻找到属于他的那片天空。

是为序。

2021 年 9 月于杭州师范大学

目
录
CONTENTS

第一章　研究缘起

《义务教育数学课程标准（2011 版）》明确指出：义务教育阶段的数学课程是培养公民素质的基础课程，它具有三条性质：基础性、普及性、发展性。也就是要求"人人获得良好的数学教育""不同的人在数学上得到不同的发展"。很显然，要达成这个目标，我们在数学教学中必须要关注学生的差异，要有落实课堂差异教学的有效载体和合理策略。那么在差异教学中已经有了哪些研究成果与实施经验？小学数学差异教学又有哪些研究成果和实施策略？在课堂上有哪些有效的载体和策略落实差异教学？

1.1 差异教学研究与小学数学课堂实施现状

1.1.1 差异教学研究及实施概况

研究教学需要研究学生，而研究学生则必然涉及学生的差异，差异教学长久以来都是国内外的教育研究热点问题，已经积累了丰富的研究经验和成果。

1.1.1.1 差异教学国内研究概述

国内的差异教学研究的萌芽源自孔子，孔子针对自己弟子间的差异提出了"因材施教"的教学主张，当时的教育形式主要是个别教育，班级学习还处于萌芽状态。而真正立足于班集体教学，在集体授课中照顾差异，实施"因材施教"，则要从 20 世纪 90 年代开始。当时，受到西方差异教学研究的影响，国内学者开始对差异教学有了一系列的研究。

刘佛年教授在《教育学》中强调："教师在班级教学中应该提出统一的要求，使全体学生对各门课程都能获得良好的成绩。同时，应当注意班级学生的个别差异，因材施教。有统一要求，才能保证每个学生在所有课程方面得到教学大纲所规定的范围和深度的知识；有因材施教，才能发展学生的特长，适应学生的个性。"[①] 这一论断为开展差异教学研究提供了有力支撑。一线教师陆续进行一些个体的实践，并形成论文，如：1991 年韩志刚的《体育教学中的"差异"教学》和王秉钦的《翻译教学法面面观》。1999 年李宝贵和高玉娟的《论第二语言教学中的文化差异教学》是较早运用差异教学概念的文章。这时期的文章主要集中在某一学科的课堂实践，理论论述还不够全面。

国内对差异教学的论述较为全面的著作是华国栋教授的《差异教学论》，他认为，差异教学是在班集体教学中立足学生的差异，满足学生的个别需要，以促进学生在原有基础上得到充分发展的教学。他从学生差异的类型，差异是如何产生的，怎样测查学生的差异，以及在教学中如何照顾学生的差异几个方面详细论述了对差异教学的研究[②]。史爱荣与孙宏碧学者在 2001 年出版的《教育个性化和教学策略》一书中，讨论了个体素质发展对个性的影响，提出个性的学习差异表现主要为：学习能力、学习动力、学习情趣、学习自主性差异等[③]。姜智则在华国栋的基础上进一步明晰了差异教学的内涵，认为差异教学的实质是在班级教学中，有效利用和照顾学生差异，在教学指导思想、目标、内容、方法策略、过程、评价等方面全方位实施差异化的教学，促进学生在原有基础上得到充分发展[④]。曾继耘教授在《学生个体差异：研究方法与基本结构》中指出：长期以来我们都不重视对学生起点的具体分析，不重视对学生差异发展的具体分析，没有形成有效的分析框架，使得教师在课堂教学中把握学生的差异发展情况时，缺乏分析框架而往往流于偶然或片面，不能达到真实而全面地把握学生的个体差异的目的。他提出，从影响学生学习的主题因素角度分析，课堂教学中学

① 刘佛年.回顾与探索：若干教育基本理论问题的研究 [M].上海：华东师范大学出版社，1991.

② 华国栋.差异教学论 [M].北京：教育科学出版社，2001.

③ 史爱荣，孙宏碧.教育个性化和教学策略 [M].济南：山东教育出版社，2001.

④ 姜智，华国栋."差异教学"实质刍议 [J].中国教育学刊，2004（4）：54-57.

生的个体差异主要包括基础性差异、动力性差异、操作性差异和方向性差异，由此构建了课堂教学中学生个体差异变量分析框架①。夏正江教授在《一个模子不适合所有的学生：差异教学的原理和实践》中提出，差异教学是"教师从学生的相关差异（包括个别差异和团队差异）出发，为了开发学生的内在潜能，实现每个学生在基础上的最佳发展，为学生提供有差异的教育、教学措施"②。华国栋教授在《差异教学策略》中进一步提出了差异教学的十五条策略：全面、动态测查学生差异的策略；选择性课程与灵活安置的策略；并列式教学计划与个别教学计划的制订与实施策略；提供认知前提的准备与激发学习动机的策略；预设与生成挑战性学习目标的策略；教学内容的调整和组织的策略；多样化的教学方法和手段；隐形动态分层与互补合作相结合的策略；面上兼顾与个别指导相结合的策略；大面积及时反馈与调节教学的策略；创设民主和谐学习环境的策略；弹性作业的策略；扬优补缺的辅导与训练的策略；差异教学管理策略；社、家、校合作满足学生不同学习需要的策略。十五条差异教学操作策略，为一线教学带来了具有操作性的实施指导③。

国内关于差异教学的研究虽然起步较晚，但研究深入，尤其是对在集体教学的大环境下如何实施差异教学给出了符合实际的解决方案。参与研究的以高校教授居多，结合学校实际操作的研究较少，这给理念与策略的推广带来了一定的困难。

1.1.1.2　差异教学国外研究概述

国外对于差异教学的研究开始较早。著名的古希腊思想家、教育家苏格拉底最早提到学生的个体差异，他提出的为思想接生的"产婆术"教学法闻名世界，是西方差异教学的萌芽。19 世纪末，西方的教育研究者开始对传统的班级授课制进行了反思和批判，认为统一的要求不利于学生个性发展、阻碍了学生充分的成长，提出了针对学生差异的个别教育理论和实践，但由于实施效果不理想，研究没有持续深入进行。同时期美国哲学家、教育家杜威提出了"儿童中心"（学生中心）"活

① 曾继耘.学生个体差异：研究方法与基本结构［J］.课程·教材·教法，2006（3）：27-33.
② 夏正江.一个模子不适合所有的学生：差异教学的原理和实践［M］.上海：华东师范大学出版社，2008.
③ 华国栋.差异教学策略［M］.北京：北京师范大学出版社，2009.

动中心""经验中心"的新三中心论，区别于传统教育"课堂中心""教材中心""教师中心"的"旧三中心论"，新教育理论对教学产生了深远的影响，从而使得人们更加关注学生的个性差异。20世纪50年代，个别西方国家开始大力发展"天才教育"。1961年，沃德在其"天才教育"研究中首次提出"差异教育"概念，并引入差异化课程设计，为后续研究提供了思路。1972年格拉泽提出"调适教学"（adaptive teaching），是指为照顾学生个别差异而设计的教学方法，同时格拉泽还提出了调适教学的特征，并随着研究的深入和实践的广泛而日益丰富。格拉泽将调试教学模式分为以下四个模式：补救模式、多重进路模式、多重进路与补救兼用模式以及多元目标模式并注重取长补短、对症下药和持长攻短[①]。美国于1987年底通过了一项名为《1998年降低班级学生人数暨教师素质法》的法律，小班化的实施为差异教学的研究带来了可能。1998年美国卡内基教学促进基金会主席厄内斯特·波伊尔所著的《基础学校——一个学习化的社区大家庭》[②]对美国当前和未来的基础教育做了全方位的探讨和展望，其中提出个性化的教育是基础教育不可或缺的一部分。美国在2002年出台了"不让一个孩子落后"法案，进一步将班级教学转化为关注每一个个体的成长，从而大力促进了差异教学研究的发展。卡罗拉·安·汤姆林森在《多元能力课堂中的差异教学》中对差异教学的概念、理论基础、特点和其合理之处进行了较为详细的分析，提出在不同年级、不同学科领域的多元能力课堂中，教师应根据学生的准备水平、学习兴趣和学习风格来开展教学，以适应学生之间的个别差异，使学习内容、学习过程和学习成果适应学生的学习需要，促进每个学生的成长与进步[③]。戴安·赫克斯在《差异教学：帮助每个学生获得成功》中指出：进行差异教学，教师需要主动地关注学生的差异，改变教学的速度、水平或类型，以适应不同学习者的需要；要设计出多样化的、挑战性的学习任务，从而促使学生

---

① GLASER. Individuals and Learning: The New Aptitudes [J]. Educational Researcher, 1972, 1: 5-12.

② 波伊尔.基础学校：一个学习化的社区大家庭[M].王晓平，译.北京：人民教育出版社，1998.

③ 汤姆林森.多元能力课堂中的差异教学[M].刘颂，译.北京：中国轻工业出版社，2003.

在原有水平上得到应有的发展①。2005 年汤姆林森又与阿兰合作出版了《差异教学的学校领导管理》对差异教学又有新的研究。该书则是主要从领导者的角度出发，讨论了如何领导以及管理展开差异教学的学校，并讨论了如何在美国的一些学区和学校开展差异教学②。

国外差异教学相对起步早，研究深入，实践范围较广泛。对差异教学的出发点、教学过程、教学形式和终极目标的明确界定，为我们理解差异教学的实质和实施差异教学奠定了基础。但对于教师的实施差异教学能力的培养、课堂教学中具体实施差异教学的策略、不同学科和不同学段如何实施差异教学的具体指导这些方面的研究则相对薄弱。

1.1.2 小学数学差异教学研究与实施现状

1.1.2.1 小学数学差异教学如何实施?

如何让差异教学的理念有效地跟学科结合，在小学数学课堂上实施差异教学?很多学者和教师给出了自己的实践与思考。

个体差异是数学差异教学的必备因素

董丽梅在《小学数学双自主教学中学生个体差异处理策略研究》中针对小学数学和双自主教学的特点提出了影响学生发展的个体差异因素，包括学生已有知识、学习能力、认知风格、思维品质和人格特征等，对此进行系统分析，并对小学数学双自主教学基本操作模式进行了总结，提炼了"课前自学→学生主讲→课堂讨论→教师点拨→自我反思"课堂基本自主学习方式，并在强化班级管理制度、小组分工及职责等方面提出了自主管理的要求。她还提出了"拟定面向全体学生的差异教学目标，满足不同类型学生的发展需求""创建异质小组，合理分工，给所有学生提供参与教学的机会和平台""将'同质分层'与'异质合作'相结合，实现竞争与合作优势互补""推行差异化作业布置策略,保证各层学生所学知识得到有效巩固""实

---

① 赫克斯.差异教学:帮助每个学生获得成功［M］.杨希洁,译.北京:中国轻工业出版社,2004.

② TOMLINSON, ALLAN.差异教学的学校领导管理［M］.杨清,译.北京:中国轻工业出版社,2005.

施多元差异评价，为学生双自主能力的发展助力"五条实施策略[①]。

制定差异目标是数学差异教学的实施基础

目标分层是差异教学的一个重要维度，是其区别于传统教学的关键之处。制定差异学习目标，就是教师在承认学生学习能力差异客观存在的基础上，依据学生数学学习能力的差异，制定符合不同层次学生的目标要求，将原来过于刻板的同一个目标设计得更加富有弹性和包容性。周朝正、陈晓丽结合加德纳的多元智力理论发表了《多元智力理论视域下小学数学教学目标设计研究》一文，通过实践得出其对小学数学教学目标设计的启示：教学目标行为主体应是具有独特性的全体学生；教学目标行为客体设计要兼顾九种智力，重视能力标准；教学目标行为条件设计要追求真实丰富与可选择性；教学目标行为动词设计须兼顾结果性与过程性；教学目标实现程度设计要体现差异性与辩证性。尤其在实现程度方面，他们进一步提出：（1）要正视学生学习能力差异，体现差异性，实现共性与个性的结合。（2）要做到定量与定性相结合、及时性与延时性相结合，体现辩证性。这种理论用发展、动态的眼光来看待教学目标的设计与达成，为数学差异教学的有效实施提供了支撑[②]。

学生差异分层是数学差异教学的重要手段

数学课堂教学中，学生的差异主要来源于四个方面：准备程度、学习兴趣、学习风格、学习能力。考虑到这四个方面的共性与个性，教师在学习过程中应该对学生进行分层教学。"小学数学分层异步教学策略研究"课题组在《小学数学分层异步教学的实施策略》一文的学生层（组）划分的策略中指出：可以根据分层的需要设计一些前测，然后通过前测的结果把学生划分为 A、B、C 三层。这种分层采用"隐形"（学生不知情）和"动态"（定期会调整）的方式会比较妥当。教学中需要学习的内容及学习要求不同，可以灵活地采用同质分组、异质分组或

① 董丽梅.小学数学双自主教学中学生个体差异处理策略研究［D］.济南：山东师范大学，2011.

② 周朝正，陈晓丽.多元智力理论视域下小学数学教学目标设计研究［J］.教学与管理，2020（6）：91-94.

混合分组的形式进行 [①]。

随堂练习卡、学习卡是落实数学差异教学的可供选择的媒介

华丽英在《基于差异教育理念下小学数学随堂卡的实践研究》中提出，以学生课堂上使用的练习卡片——随堂卡为媒介，总结了"锦囊妙计""层层递进""及时巩固""自主提升"四种基本的随堂卡使用策略。学生可以根据自己的需求选择不同的题卡进行练习，在评价中采取"及时评价与中期评价相结合""评价与他人评价相结合"等方法，通过差异练习让差异发展成为可能 [②]。

许晓博在《小学数学利用学习卡片进行差异教学的探索》中分析了学生差异的特点以及对学生学习的影响，开发了适应学生差异的学习卡片，并在课堂教学中予以实施，将卡片与学生的差异进行相互匹配，达到了一定的差异学习的效果 [③]。

差异评价是数学差异教学的重要保障

不同的学生，评价的标准、内容、方法也应不一样，不同的学习个体在课堂教学中的表现是不尽相同的，因此教师对学生的评价也应该是个性化的。差异化的评价机制和策略是课堂上有效实施差异教学的重要保障。王莉的《正视小学数学课堂教学中的差异性评价》指出：数学教学的差异评价可以从以下三个方面进行尝试：（1）差异评价目标的三维化，就是要同时关注"知识与技能""过程与方法""情感态度价值观"方面的达成情况。（2）差异性评价方式的多样化，可以将个人评价、小组评价与教师评价相结合，课堂提问与作业形式相结合，口试、面试、笔试相结合，免试与重试相结合来进行。（3）差异评价结果所表现的科学化，可以用平时考查与综合考查相结合，定性与定量评价相结合，等级与评语相结合的方式进行。差异评价为学生的差异发展提供了有力的支撑，但如何让评价更具有科学性、准确性、

---

① "小学数学分层异步教学策略研究"课题组.小学数学分层异步教学的实施策略［J］.中国教育学刊，2006（11）：57-60.

② 华丽英.基于差异教育理念下小学数学随堂卡的实践研究［D］.杭州：杭州师范大学，2012.

③ 许晓博.小学数学利用学习卡片进行差异教学的探索［D］.长春：东北师范大学，2012.

可操作性仍然需要不断地深入研究和实践①。

差异作业是数学差异教学的恰当延续

数学作业是学生巩固知识的主要形式之一，由于学生的水平不一样，完成作业的情况也不尽相同。为了照顾差异，可以采取"保底＋选择"的弹性作业模式，在作业内容和形式上充分考虑差异元素。董小菡的《基于学情的小学数学家庭作业差异化的设计研究》指出：小学数学差异化作业设计需要遵循差异性、优化组合性、激励性这样三条原则。在设计时可以采用以下四种方式：（1）摸清"最近发展区"，对作业量和作业难度进行分层设计；（2）善用多元智能，对作业类型进行多维设计；（3）了解认知风格，对作业内容进行非定向答案设计；（4）了解认知风格，对作业内容进行非定向答案设计。她对每种设计方式都举例说明了在实践中如何操作②。

常迎宝在《小学数学分层作业的教学价值与实施》一文中，对小学数学分层作业实施策略进行了研究，并提出了"积分制作业"的操作模式，就是将作业进行分层设计，将难度低、重复度高的作业作为第一层次习题，难度中等的作为第二层次，能力要求高、提升度大的作为第三层次，然后给每一层次的题目赋予一定的分值，让学生可以通过选择完成各个层次的作业来拿到积分，每日有最基本的达标分值设定③。

差异作业的设计既达到了照顾学生差异的要求，又激发了学生完成作业的积极性，但对于教师如何进行科学设计、如何实施反馈提出了非常高的要求，极具挑战性。

1.1.2.2　小学数学差异教学在实施中存在着什么困难？

在数学学科进行差异教学的优点很多，但我们对其工作的难度应当有充分的估计，应认真加以研究，寻找有效的对策。就目前实践的情况来看，有以下一些问题。

差异教学的动态管理

动态管理是对传统教学管理的挑战，在差异教学模式下，学生将需要一段时间

---

① 王莉.正视小学数学课堂教学中的差异性评价［J］.数学教学通讯，2016（10）：20-21.

② 董小菡.基于学情的小学数学家庭作业差异化的设计研究［D］.济南：山东师范大学，2019.

③ 常迎宝.小学数学分层作业的教学价值与实施.数理化学习（教育理论）［J］.2015（8）：87-88.

的适应。在动态管理中，不稳定因素会增大，管理的范围会拓宽，这就要求管理者、任课教师，尽到"教书育人"的责任。动态管理要求教师不断地进行反思、评估、判断，根据实际情况调整差异教学的策略和方法，在不断调试的过程中找到当时环境下的最佳解决方案，这对教学管理提出了很多新的要求。

差异教学时学生的思想负担和家长的疑虑

因为对数学学科进行差异教学就需要进行分层，分层对学生的心理冲击表现为"自卑"，对家长来说是"没了面子"。可见，做好学生及家长的工作尤为重要，在进行差异教学之前一定要客观地宣传其有利的一面，同时提醒学生或家长，做好顶住压力的思想准备。差异教学应以学生能否取得进步为判断得失的标准。而且就数学学习的实际情况而言，学生往往对不同的学习内容会有所偏好，所以在学习不同内容时，孩子的层次往往是不一样的，因此，如何实现差异分层与学生学习内容的实际相匹配，需要我们不断地创新方式方法。

差异教学对教师提出了新的要求

在差异教学指导下的教师不能再"一个教案用到底"，而要精心地设计课堂教学活动，针对不同层次的学生选择恰当的方法和手段，了解学生的实际需求，关心他们的进步，改革课堂教学模式，充分调动学生的学习主动性，创造良好的课堂教学氛围，形成成功的激励机制，确保每一个学生都有所进步。这些新的要求需要教师有很强的业务能力去适应和调整，同时，也需要有一些操作媒介作为支撑，来帮助教师有效地进行差异教学，这样才能减轻教师面临的压力，他们才会主动地接受差异教学理念并积极实践。

1.1.3 导学案导学单在课堂中的运用现状分析

1.1.3.1 导学案在课堂中的运用现状

导学案研究随着山东杜郎口中学和泰兴洋思中学等一批薄弱学校的崛起开始成为研究热点，并且在反思中不断创新发展。导学案是一种学习的方案，是由教师根据教学目标的需要，在充分考虑到学生自主学习、合作探究等需要的基础上设定的一份学生学习的路径图。很多教师和学者都进行过研究：如綦桂杰论述了实施数学学案导学教学模式的现实意义，围绕着"学案"的设计和实施进行详尽阐述，指出学法指导中的"指导"到底在哪些方面进行指导，并从趣味性、量力性、系统性、换位性、探索性五方面论述了学案编写的原则。裴亚男提出了"导向、导学、导练、升华"四个基本阶段的教学模式[①]。邢双艳探讨了如何利用"学案导学"培养学生英语自主学习能力。她认为英语学案导学教学模式应充分体现教师的主导作用和学生的主体作用，使主导作用和主体作用和谐统一[②]。吴永军指出导学案改变了原有的"教"和"学"的关系，是一种自主课堂的有益尝试[③]。但是，导学案在制定、操作、评价等方面还存在许多问题。孔凡哲认为导学课堂不仅要求教师教会知识，更需要让学生学会知识与学生会学知识，学生会学知识是学生具备了进一步学习新知的能力[④]。张良认为推广导学案的应用要加强教师对课程的理解，不能将导学变成一种背诵、操练，并提出了相应的完善策略[⑤]。陈娜通过对初中二年级学生的实际调查，发现在初中数学导学案实施过程中碰到了以下几个问题：（1）没有关注差异，对后进生帮助不大；（2）一定程度束缚了教师和学生展开教学；（3）编制过程复杂，实用性不强。她进而提出了相对应的措施[⑥]。

由上可见，导学案的使用从一开始就得到了推广，对学生学习的积极作用得到了广泛的认可。但是随着广泛使用和相关研究的深入，越来越多的专家和教师意识到其实际使用中存在着的问题，对导学案不利因素的认识也越来越清晰。而且，导学案在各个学段的使用也出现了分化，初高中使用得较为合理，而在小学中使用往往受限于学生各方面的能力。总之，导学案并不是一剂"包治百病"的良方，需要辩证地对待。

① 裴亚男.学案教学模式研究综述［J］.内蒙古师范大学学报（教育科学版），2007（4）：66-69.
② 邢双艳.利用"学案导学"培养学生英语自主学习能力"导学单"［J］.才智，2009（2）：105.
③ 吴永军.关于"导学案"的一些理性思考［J］.教育发展研究，2011（20）：6-10.
④ 孔凡哲."导学案"与"先学后教"异化现象及其问题诊断［J］.教育科学研究，2012（9）：27-30.
⑤ 张良.论"导学案"的现实问题及可能对策［J］.中国教育学刊，2014（1）：57-59.
⑥ 陈娜.对初中数学导学案教学模式实施的调查研究［D］.苏州：苏州大学,2015.

1.1.3.2 导学单在课堂中运用现状

导学单的研究是建立在导学案的基础之上的，传承了导学理念，又进行了一定的简化。导学单的研究在国外较少，主要集中在国内个别教师的实践研究中。吴诗梅在2011年以中学化学课"氢氧化钠溶液变质的实验研究"专题复习课为例，从"任务导学单"的设计及"任务导学单"教学方式的注意点两方面论述了如何用"任务导学单"指导学生自主学习[①]。顾志贤在2011年以小学数学综合实践课"面积有多少"为例从调动学生主体创造性、增加学生活动经验、学生参与知识生成过程这三方面阐述了对导学单教学模式的理解和感悟[②]。汤慧在2012年分析了初中学生自主学习中的问题，并提出了"导学单可对旧知识进行及时补缺""导学单要求教师的检查与监督"两条建议[③]。朱红在2013年通过以语文课"扁鹊治病"为例，提出了"顺学而导"的观点[④]。唐晔华在2013年总结了上海市民办宏星小学利用"任务导学单"驱动校本研修的成果与经验[⑤]。靳秀丽在2014年对英语教学中如何使用导学单进行了实践尝试，对"story time"阅读进行自主有效预习，以及如何合作交流阅读体验和成果进行了总结[⑥]。王加宏在2014年提出利用"数学活动单"对儿童的数学活动进行有效的引领，为儿童留下自主探索的空间，改善儿童的数学学习方式[⑦]。谢丹素在2016年对学校运用导学单的经验进行总结，并对导学单的"试错"功能、"阅读"导向和"思考"价值进行了详细的阐述[⑧]。王艳艳在2017年对语文阅读教学中的导学单运用提出了自己的思考，认为导学单一定要导在教学关键处，教师对

---

① 吴诗梅.用"任务导学单"引导学生自主学习[J].现代教学，2011（12）：66.
② 顾志贤.亲近小数导学单教学模式[J].新课程导学，2011（9）：12.
③ 汤慧.浅谈导学单在课堂教学中的应用[J].初中数学教与学，2012（4）：25-26.
④ 朱红."一课一单"顺势而导：以《扁鹊治病》为例谈导学单的使用[J].教学与管理，2013（1）：50-51.
⑤ 唐晔华."任务导学单"驱动下的校本研修[C].中国教师发展基金会"全国教师队伍建设研究"科研成果集（上海卷），2013.1：49-53.
⑥ 靳秀丽.读Story time，做导学单，赏析阅读中的故事味[J].科学大众（科学教育），2014（12）：72.
⑦ 王加宏.活动导学单：儿童数学创造力的开发[J].教育观察（下旬），2014（8）：52-53.
⑧ 谢丹素."导学单"：为学习助力[J].教育界，2016（11）：63-64.

学生的点拨也要点在学生愤悱时 [①]。

导学单在课堂教学中具有很强的操作性,其所运用的学科和学段更加广泛,但是从之前的研究可以看出,对小学数学学习如何应用导学单的研究还相对较少,如何让导学单与小学数学的学科特性相结合、如何利用导学单促进学生进行数学活动、如何有效地进行差异化学习等方面还没有得到深入研究。我们可以通过实践研究让导学单在数学学习活动中发挥更大的价值。

1.2 研究的问题

结合差异教学、小学数学差异教学、导学案导学单的研究及实践现状,我们发现,在数学课堂上关注学生的差异是学生发展的实际需要、是实现高质量学习的基础,目前在实践过程中已经创造了一些好的做法,但也存在着一些问题。如何让实施载体更加符合实际、让教师的操作更加方便,让基于差异的数学课堂教学真正能成为日常?这些都需要我们依托差异教学的理念,改造导学单的形式,让导学单与数学课堂活动结合在一起,形成基于差异的数学活动单,从而让每个孩子都能在数学活动中寻找到适合的路径与方法,夯实学生数学学习的质量、提升学生学习数学的体验。在实践过程中,有以下几个问题值得研究探讨。

1.2.1 基于差异的活动导学单的种类有哪些?

在差异教学的背景下,不但要充分考虑学生之间的差异,也要考虑到数学教学中课型的差异、环节的差异等等。依据这些差异的因素,很显然单一模式的活动导学单肯定不适合实际教学的需要。那么在课堂上实践运用的活动导学单可以分成哪些种类?如何确定分类标准的?每一类各自又有什么特点?这些都是需要我们在实践中不断研究解决的问题。

1.2.2 基于差异的活动导学单设计策略有哪些?

设计好一份适合学生差异的活动导学单对教师的实践提出了挑战。设计时如何照顾到学生原有的差异,让活动导学单更加具有包容性和可操作性?设计活动导学

---

① 王艳艳.导在关键处点在愤悱时:阅读教学中"导学单"的设计与运用[J].语文知识,2017(1):69-71.

单时需要注意哪些因素？如何处理这些因素之间的关系？是否有一套指导性与操作性兼具的设计策略？这些问题需要在教学实践中不断尝试总结提炼并修改成熟。

1.2.3 课堂教学中使用活动导学单的策略有哪些？

当我们设计好了活动导学单后，教师面对的问题就是如何有效地在课堂上使用。同样一份活动导学单，不同的使用方法可能达成的效果会有较大的差异。那么使用的时候是否有一些必须遵守的原则？有哪些使用的策略可以帮助学生利用活动导学单更好地、有差异地、有效地学习？这些策略需要在实践过程中不断地积累和提炼。

1.2.4 使用活动导学单后对学生和教师的影响如何？

在数学课堂上使用了活动导学单后，对于数学课堂教学是否有改进？学生的学习体验、学习兴趣、学习能力、素养形成等方面是否有了发展？教师的教学理念、教学行为等方法是否也有了一定的改变？这些问题需要我们做一些调查和数据分析以及个案分析来找到答案。并通过这些数据进一步对活动导学单的设计、使用提出指导性的建议。

1.3 理论与实践意义

1.3.1 理论意义

1.3.1.1 对差异教学课堂实施方式的完善

差异教学越来越被一线教师所接受，很多教师都有了关注差异、基于差异、运用差异进行教学的意识。但由于某些差异教学课堂操作样式实践起来比较复杂，又缺少简单方便的教学载体，导致差异教学要在课堂上真正实施存在一定困难。基于差异的活动导学单的使用，可以在一定程度上减少课堂上进行差异教学的实践难度。以活动导学单为实施载体进行差异教学，这种操作方式是对小学数学差异教学课堂实施方式的有效补充和完善。

1.3.1.2 对导学式课堂模式的变革推进

随着课改的不断深入，各种课堂模式推陈出新，其中以导学案为基础的导学式课堂模式和翻转课堂模式成为热门，被很多中小学数学教师学习和借鉴，并在课堂中进行实践。大量实践表明，导学案和翻转课堂并不适用于小学所有的年级，也并不适用于所有的课型,需要加以区别地进行使用。导学的理念和翻转课堂的模式在充分发挥学生学习自主性的同时,能保护学生的个体差异,激发学习兴趣,提升探究能力,值得加以借鉴。所以,在数学课堂中使用活动导学单进行差异教学是对导学和翻转课堂优点的继承,这种方式更加符合小学生的身心特点,使用也更加有针对性,是对已有课堂模式的继承和补充。

1.3.2 实践意义

基于差异的活动导学单在课堂实施,可以有效地将教师的"教"和学生的"学"两者有机结合起来。该研究的实践意义有以下三点。

1.3.2.1 为差异教学提供在数学课堂落实的载体

基于差异的数学活动导学单课堂教学是在充分尊重学生差异的基础上,根据教学内容的不同,合理选择数学课堂差异教学策略,设计出富有包容性、差异性的活动导学单,利用导学单的实施让差异化教学在数学课堂上真正落地。导学单的设计与运用有多种差异化策略可供选择,教师可以根据教学内容、学生情况等的不同来统筹考虑使用哪些策略,最终促成数学课堂中的差异教学有效、常态化进行。一线教师都有转变学生的学习方式、培养学生自主学习能力的意愿,但往往受困于缺乏合理的、可操作的媒介。因为活动导学单操作比较简单,为培养学生自主学习能力提供有效的载体,教师的接受程度可能会更高,从而使差异教学在数学课堂上大面积、高频率的实施成为可能。

1.3.2.2 为学生个性化学习数学提供可能

不同的学生拥有不同的学习能力、学习兴趣和学习风格,普通的课堂教学方式无法最大限度地照顾到学生这些方面的差异,从而导致了学生的课堂学习参与度不高、学习效果不好等状况。基于差异的数学活动导学单的数学课堂教学,可以充分考虑学生在数学学习上的不同差异,为不同的学生设计不同的学习路径,让每个人都学习合适的数学,使个性化地提升数学能力成为可能。

1.3.2.3 探索数学课堂使用活动导学单的基本策略

教师通过尝试运用活动导学单进行实践,探求基于活动导学单的小学数学自主学习的有效制度,积累一批成熟的小学数学活动导学单资源。教师通过实践探索、使用开发，对如何设计活动导学单、如何使用活动导学单等进行有益的尝试，并对实践中的经验进行及时总结，最终探索出在数学课堂中使用活动导学单进行差异教学的基本策略。另一方面，通过实践积累相应的活动导学单课例，供一线教师参考。

第二章　研究设计

2.1　核心概念界定

2.1.1　基于差异

基于差异是指根据差异做出相适应的设计与实施。这里的差异包括以下几个方面：（1）学生个体间学习的差异，包括学习准备、学习兴趣、学习风格和学习能力上的差异。这一类差异的辨识基于对学生的不断观察和研究，必要时需要设计前测问卷，通过调查来了解并掌握学生的差异，从而为活动导学单的设计与实施提供依据。（2）不同学习内容的差异，是指小学数学教学内容中"数与代数""图形与几何""统计与概率""综合与实践"等不同领域学习内容的特点所带来的差异。我们需要根据不同领域内容的特点有针对性地预设和调整。（3）不同课型的差异，是指新授课、练习课、复习课等不同课型所带来的学习上的差异。各种课型有其自身的学习特点，我们需要结合这些特点进行设计。这三个方面差异都是活动导学单实施中需要考虑的维度，为如何设计、操作提供依据。

2.1.2　活动导学单

数学课堂离不开数学活动。活动导学单是以环节学习目标为导向，以学情为基础，以实现在数学活动中学生有效进行自主学习、合作探究为目的，以学习单形式呈现的课堂学习素材。利用活动导学单可以促进学生在课堂上差异化地学习，最终达到增强学生学习自主性、有效积累活动经验、提升学习质量的效果。

"活动"是指学生投入学习内容的过程，主要包括思维活动、操作探究活动等，每个学生都在课堂中经历着活动。"导学"是指教师通过多途径引导学生自主学习、合作探究。"单"是载体，将活动的要求及预设的导学过程以纸质文本呈现出来，并且方便学生记录活动探究过程。

活动导学单一般由以下几个方面的要素构成。（1）活动要求即活动指导语。对探究活动的开展提出最基本要求，一般包括：①小组成员组成形式。是同桌两人，或是4人小组，抑或是其他组成形式。②探究活动的形式。是先独立思考再合作探究，还是直接合作探究，抑或其他形式。③交流的方式。是自由进行交流，还是按照一定的规则顺序进行交流。（2）活动材料的介绍。告知学生可以使用哪些探究材料，材料存放在什么地方。（3）记录方法的提示。设计一定的记录格式，对探究过程中需要记录的内容进行恰当的提示。

数学课堂上使用的活动导学单，根据不同的教学环节以及每个学生使用的导学单是否相同两个维度进行分类。

（1）基于所运用的教学环节的分类

根据所运用的不同教学环节，活动导学单可以分为：自学反馈型导学单、探究知识型导学单、练习巩固型导学单。

自学反馈型导学单一般是指在课前学生已经进行了自学，然后在课中对自学的情况进行反馈交流，一般自学的方式有自学课本、阅读教师整理的材料、观看教师提供的微课等。比如：浙教版《数学》四年级下册"角的度量"一课，教师提前让学生学习了微课，微课中介绍了量角器的制作原理，以及如何利用量角器来度量角的方法。活动导学单在上课伊始就引导学生对自学情况进行了检测、分享和交流。

活动导学单

活动要求：

1. 独立提1~2个问题来考查同桌是否已经学会了微课"角的度量"中的知识？（信封中有4个角可供选择）

2. 一人提问，另一人回答，完成后交换。

3. 准备汇报。

提问：＿＿＿＿＿＿＿＿＿＿＿＿＿＿＿＿＿＿＿＿＿

＿＿＿＿＿＿＿＿＿＿＿＿＿＿＿＿＿＿＿＿＿＿＿＿＿

＿＿＿＿＿＿＿＿＿＿＿＿＿＿＿＿＿＿＿＿＿＿＿＿＿

＿＿＿＿＿＿＿＿＿＿＿＿＿＿＿＿＿＿＿＿＿＿＿＿＿

探究知识型导学单是指在通过探究获得新知的环节中，引导学生进行探究活动，通过有效的合作交流汇报，加深对知识的感悟和理解，同时也进一步积累数学活动的经验。比如浙教版《数学》五年级上册"平行四边形的面积"一课，教师在探究面积公式的环节中设计了这样一份活动导学单，激发学生的探究兴趣，方便学生记录探究过程，促进学生间有效交流，同时也充分考虑到了学生的差异，给予学生选择的权利，保证了学生学习的自主性。

活动导学单

活动要求：

1. 小组内选择分配研究方案，每种方案至少有一个人研究。

2. 安静地独立思考研究。

3. 组长组织组员交流，选派代表，准备全班汇报小组研究情况。

第一种方案：下面每一格表示 $1cm^2$，通过数一数、算一算来求出下面 4 个图形的面积。然后想一想有什么发现。

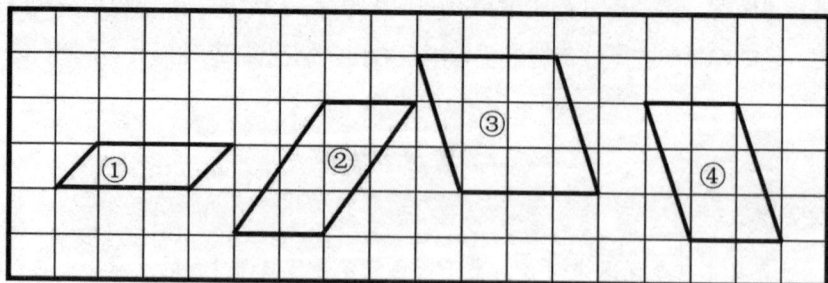

你的记录：

图形	底 /cm	高 /cm	面积 /cm^2
①			
②			
③			
④			

你觉得平行四边形的面积可以怎样计算？ _____

第二种方案：通过将平行四边形进行剪拼，然后想办法转化成我们已经会计算面积的图形。（需要用到的平行四边形在学习袋中）

贴　图　区

你将平行四边形转化成了什么图形？ _____

你有什么发现？ _____

你觉得平行四边形的面积可以怎样计算？ _____

练习巩固型导学单是指在课堂练习环节，或是通过对练习题进行有机组合形成题组，然后引导学生通过对题组进行观察思考交流，从而得出一些新的发现；或是安排一些有难度差异的分层练习题组，学生根据自己学习的实际情况选择题组完成，随后在课堂上进行差异分享。比如浙教版《数学》六年级上册"比的应用"一课，教师在巩固练习环节设计了这样一份活动导学单，通过导学单让学生选择适合的练习，在独立思考、合作交流后进一步提升运用比的知识来解决问题的能力。

活动导学单

活动要求：

1.一星级题目人人都要完成，二星级和三星级题目自主选择一组完成。

2.在组内进行交流，将组内的疑问记录下来，准备汇报。

星级：☆

1.奶茶中牛奶和红茶的比是 2 ：9。要配置 330 毫升奶茶，需要牛奶、红茶各多少毫升？

2.天长小学四年级有 3 个班，五年级有 5 个班。在植树活动中，每班分到数量相等的树苗。已知五年级比四年级多分到了 42 棵，两个年级各分到树苗多少棵？

星级：☆☆

1.一个三角形三个内角的度数比是 3 ：2 ：1，这三个内角分别是（　　　）度、（　　　）度、（　　　）度，这是一个（　　　）三角形。

2.天长小学五年级两个班要植树 400 棵，按班级人数分配给各班。五（1）班有 36 人，五（2）班有 39 人，每班应植树多少棵？

星级：☆☆☆

某商店今年第一季度共卖出冰箱 230 台，其中一月份与二月份的销售数量比是 3 ：2，三月份与二月份的销售数量比是 4 ：3。一月份与三月份的销售数量比是多少？三个月中，每个月各销售了多少台？

（2）基于分层指导的分类

在课堂中学生存在着个体差异，有些活动可以让每个孩子都从同一个起点进行思考，而有些探究活动由于本身就具有挑战性，部分孩子可能不能一下子达到这样的高度，这时候就要分层设计活动导学单。根据是否进行分层设计，产生了两类导学单：单一型活动导学单、分层型活动导学单。

　　单一型活动导学单是指每一个学生都使用同一份导学单，每个学生面对的任务情景都是相同的，没有难度或提示语上的区别。

　　分层型活动导学单是指对同一个活动设计多份不同难度、不同提示语的活动单，供学生根据自己的能力水平自由选择使用。比如人教版《数学》六年级上册"圆的认识"，在探索圆的特征时，可以安排这样一份活动导学单，供不同程度的学生自由选择，让每个学生都有了参与探究的可能。

活动导学单

活动要求：

每个同学都有一个信封，信封内有圆，还有四张"活动卡"，分别是A、B、C、D。

1. 先看活动A卡，如果有困难，可以看B卡，依次类推；

2. 结合你选择的活动卡独立研究圆的特征；

3. 如果还有困难，可以举手申请和教师一起研究。

四人小组交流建议：

1. 选择D卡的先说，然后按照C、B、A的顺序进行补充；

2. 把你们发现的圆的特征汇总，可以标上序号；

3. 推荐一人准备汇报。

我们组找到的圆的特征有：①……

活动卡A	活动卡B
圆有什么特征？先猜测，再验证。想一想如何向同学解释？在下面写一写。	圆有什么特征？可以拿圆纸片来画一画，折一折。想一想半径和直径的数量是多少？半径和直径有什么关系？在下面写一写。

活动卡 C

用圆形纸折一折，画一画直径和半径并量一量。

（1）在同一圆内，半径有多少条？每条半径的长度相等吗？为什么？

（2）在同一个圆内，直径有多少条？每条直径的长度相等吗？

（3）直径和半径有关系吗？如果有，有什么关系？

活动卡 D

想一想，做一做。

（1）在同一圆内，请你画出几条半径，想一想，这样的半径可以画出多少条？

（2）圆的半径条数是有限的还是无限的？

（3）量一量你画出的这几条半径，量得的长度相等吗？

（4）想一想，同一个圆内，这些半径的长度为什么会相等？

（5）与研究半径一样来试着研究直径。

（6）直径和半径有什么关系？

2.2　研究对象与方法

2.2.1 研究对象

　　杭州市上城区一所普通小学进行了基于差异的数学课堂活动导学单实践研究。考虑到学生的学习能力状况和接受程度，选择四到六年级学生作为实践对象，样本群体共 368 名学生。以四到六年级的数学教师为主体成立项目实施小组，每个年级单独设立核心研究成员。实施周期为一个学年，在一个学年内，每个年级组每周安排一节以数学活动导学单为载体的差异化学习数学课，课的设计由核心研究成员主要负责，其他成员参与修改和实施。每月开展集体教研活动两次，对活动导学单进行商议修改，对实施过程中的策略进行总结提炼，并积累典型课例供实施小组参考借鉴。在实施过程中，实施小组还对典型学生进行个案跟踪，了解学习中的变化情况和心理感受；同时，还采访参与项目实施的教师，从教师层面对项目实施做出评价并提出建议。

2.2.2 研究方法

2.2.2.1 文献资料法

文献资料法是通过查阅相关文献了解所要研究对象的方法。通过查阅中国知网及图书馆中与研究有关的文献，对前人的研究进行整理总结并进行综述，从理论层面支持本项研究。

2.2.2.2 文本分析法

在研究期间对样本学校、样本年级设计使用的基于差异的活动导学单，以及相关课堂教学实录进行搜集和整理，对典型的活动导学单和典型教学案例进行详细分析，从而提炼经验，形成策略。

2.2.2.3 问卷调查法

问卷调查法是用问卷的形式间接搜集研究材料的一种研究方法。在项目实施前和结束后，分别对四到六年级的学生进行问卷调查，在"独立思考""选择机会""合作机会""发言机会""探究结果来源"五个维度对学生的课堂学习进行评估，并进行前后测数据的对比，比较分析学生的感受和变化。从而分析基于差异的活动导学单对学生的数学学习有无促进，进一步分析项目实践的可行性及价值。

2.2.2.4 个案观察法

个案观察法是对个别的、典型的人或事进行深入具体研究的一种方法。它也可以通过对若干个案的观察研究，从中比较，找出规律性的东西，以指导工作。研究过程中通过选择几个典型学生进行观察记录，了解学生在基于差异的活动导学单课堂中的表现以及变化，从而对项目的实施提出建议和改进措施。

2.2.2.5 访谈法

访谈法是指通过访员和受访人面对面地交谈来了解受访人的心理和行为的心理学基本研究方法。在项目实践阶段，项目负责人根据实际需要，组织项目实施教师进行访谈，从而了解项目实施中遇到的困难、取得的进展，以及需要改进的内容。

2.3　样本前测情况分析

对杭州市上城区的一所普通小学实施样本为四到六年级的 368 名学生的关于数学课堂学习情况的小调查。学生利用某天的中午时间独立完成，教师没有进行任何指导，学生和教师均事先不知道有这项调查。

通过调查，呈现出以下几点实际情况。

2.3.1 课堂中学生独立思考的时间缺少保证

当被问到"你觉得在数学课上有自己独立思考的时间吗？"这个问题时，学生的选择情况见表2-1：

表2-1 数学课堂学习学生独立思考时间情况统计表

项目	独立思考时间情况			
	很多	比较多	有一点	基本没有
人数	65人	135人	141人	27人
百分比	17.7%	36.7%	38.3%	7.3%

独立思考是数学学习是否自主的一个很重要的标志。从数据中可以看出，学生在数学课堂学习中独立思考时间是略有不足的。从学生的自我反馈来看，有45.6%的学生认为独立思考的时间是比较少的。这说明学生数学学习的自主性亟待加强，因为只有获得独立思考的机会，学生才能在自身原有的基础上获得进步，才能让更多的孩子获得适合自己的发展。缺乏独立思考，说明很多学生是在跟着学、跟着想，长此以往，一部分学生将成为"陪读生"。那么我们应该如何让这些学生有更多的独立思考机会呢？我们需要在数学课堂中营造适合学生进行思考的数学整体性活动，让学生有时间、有可能、有载体进行思考。

2.3.2 数学课堂中差异化学习举措不足

当被问到"你觉得数学课上你有机会与其他孩子进行不同的学习吗？（比如探究问题时可以选择不同的方法和材料、完成练习时可以选择不同的题目等等）"这个问题时，学生的选择情况见表2-2：

表2-2 数学课堂学生获得不同学习机会情况统计表

项目	获得不同学习机会情况			
	很多	比较多	有一点	基本没有
人数	42人	68人	138人	120人
百分比	11.4%	18.5%	37.5%	32.6%

虽然教师们都承认数学学习在不同的学生之间存在着差异，而且越到高年级差异越明显。但从实际的调查数据可以看出，在平时的课堂中教师实施差异学习的举措还非常不足。有 32.6% 的学生的感受是基本没有机会可以跟其他孩子进行不同的学习，可见教师在日常课堂上还是以统一的目标、统一的步骤、统一的要求、统一的练习在进行教学，这样的现象比较普遍。这样的情况不利于学生的差异化发展，会导致有的孩子"吃不饱"，有的孩子"吃不了"，让两头的孩子浪费了大量的课堂学习时间。如何在课堂上创造更多的差异学习的机会？可能光靠理念还不行，更需要有教师容易操作实施的策略和载体。

2.3.3 课堂中学生合作学习的机会略显不足

当被问到"你觉得在数学课上有跟同学合作学习的机会吗？"这个问题时，学生的选择情况见表 2-3：

表 2-3　数学课堂学生合作学习机会情况统计表

项目	合作学习机会情况			
	经常有	有时有	比较少	基本没有
人数	45 人	113 人	157 人	53 人
百分比	12.2%	30.7%	42.7%	14.4%

合作学习是数学课堂学习的一个有机组成部分，对于学生之间的差异共享及培养交流合作能力是非常重要的。从数据可以看出，学生的合作学习机会在整体上还是略显不足，只有 12.2% 的学生认为课堂上经常有合作的机会，还有 14.4% 的学生认为课堂上基本没有合作学习的机会。如何在课堂上创造更多的合作学习机会？这需要教师创设更丰富的整体性学习活动，充分让学生之间的差异暴露出来，成为教学的资源，从而获得更多交流合作的机会。

2.3.4 课堂中学生探究结果的来源依靠教师

当被问到"在数学课上需要探究一些新的知识，这些新的知识你是怎么学到的？"时，学生的回答见表 2-4：

表2-4　数学课堂学生探究结果来源情况统计表

项目	探究结果来源情况			
	自己获得	同伴告知	教师讲解	课后获知
人数	32人	66人	249人	21人
百分比	8.7%	17.9%	67.7%	5.7%

尊重学生差异的课堂一定是充分发挥学生自主性的课堂，教师在课堂上要鼓励学生通过自己探究问题获得新知。但是从调查的数据来看，学生得到新知的主要渠道还是通过教师的讲解传授，这说明在一些课堂上虽然有探究问题的环节，但是没有真正发挥学生自主探究的作用，而探究的结论往往还是靠教师进行总结才能得出。这样对于学生自主学习能力的提升、数学核心素养的养成都是不利的。

2.3.5 课堂中学生获得发言的机会差异明显

当被问到"你觉得在数学课上有发言的机会吗？"这个问题时，学生的选择情况见表2-5：

表2-5　数学课堂中学生获得发言机会情况统计表

项目	获得发言机会情况			
	经常有	有时有	比较少	基本没有
人数	49人	110人	127人	82人
百分比	13.3%	29.9%	34.5%	22.3%

语言表达是数学思维的外衣，在充分尊重学生差异的数学课堂上，学生一定会有充分表达自己想法的机会。从统计的结果可以看出，学生个体所获得的发言机会有很大的差异。形成这种差异一方面有可能跟学生本身的数学素养有关，数学能力强的获得发言机会多些；另一方面，有可能跟教师所提供的发言机会总数的多少有关。发言机会总数少了，人均的发言机会也少了，为数不多的发言机会就相对集中到了成绩优秀的学生身上。教师可以在课堂上利用一定的载体来组织教学，尝试改变以往课堂上的一问一答方式，提供更多的学习小组内的发言交流机会，增加以小组为单位的汇报形式，从而让更多的学生获得表达的机会。

2.3.6 问题的成因

从对学生的实际调查过程中，我们发现大部分数学课堂中还是存在着一些问题，那么这些问题是如何形成的呢？

2.3.6.1 教师对教学理念的理解有偏差

虽然现在课程改革一直提倡由"双基"向"四基"进行转变，但有的教师虽然进行了理念学习，但在实践操作中却只注重"双基"的落实。这就导致原本应该充分发挥学生自主学习能力的环节，教师把控太严；本来应该是学生探索发现的过程，变成了教师的演示总结；本来应该是学生的讨论争鸣，变成了教师的讲述解释。所以，我们需要有核心的课堂教学理念去支撑教师的教学行为，差异教学可能是教师比较容易接受并认同的一种可以付诸实践的教学理念。

2.3.6.2 教学活动缺少有效的落实载体

有的教师想改变原有的课堂，让自己的课堂变得更加生动、更加自主，但是缺少有效的载体来以一种比较方便的组织形式统领课堂。特别是对学习内容中有很多需要学生进行操作和探究的环节，如果能设计一种可以反复运用的、能有效组织探究活动的方式，那既能关注学生的差异，又能方便教师组织，就会极大地改变课堂教学的现状。

2.3.6.3 学生活动缺少有效的评价媒介

有的教师在课堂教学中也经常组织学生进行自主的探究活动，但是探究活动总是流于形式，没有真正地起到应有的培养能力、促进学习的作用。原因在于活动的开展缺少有效的评价媒介和方法，没有办法评价活动开展的有效性和针对性。如果有一种嵌入在活动中、方便操作的评价方式，那学生活动的效率就会提高，也方便了教师对活动的组织进行反思和修正。

第三章　运用活动导学单实施差异教学的策略构建

在运用活动导学单进行差异教学时，教师需要在学习内容、学习过程和学习结果这三个方面加以关注，依据学生在准备程度、学习兴趣、学习风格上的差异，在活动导学单的设计、使用、评价上构建有效的实施策略，从而在课堂上实现高质量的差异化数学学习（见图3-1）。

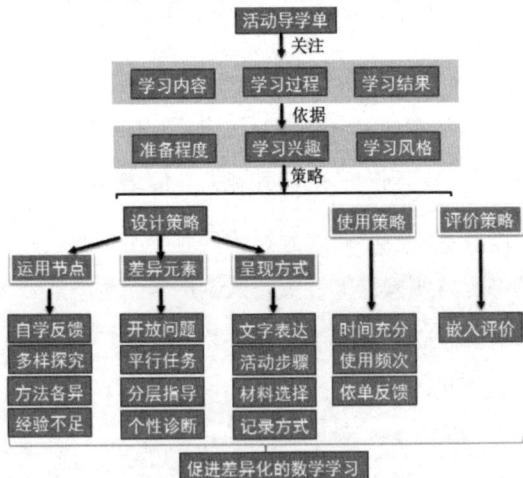

图 3-1　实施路径图

3.1　活动导学单的设计策略

在实际教学过程中，为了达到良好的教学效果，设计好一份具有针对性、包容性和可操作性的活动导学单尤为重要。在设计的时候，我们需要遵循找准合适的使用节点、注入包容的差异元素、符合认知的呈现方式等策略。

3.1.1　找准合适使用的教学节点

教学中并不是所有的环节都可以使用活动导学单，导学单只有在合理的教学节点上设计使用才能达到预期的效果。适当使用的情况主要有以下几种：

一、自学之后交流有需求

在平时的教学中，教师有时会根据教学内容的特殊性，安排学生结合微课或课本在课前自学新课，而后在课堂中对自学情况进行组织反馈。这时，教师可以设计一份活动导学单，提供给学生一些合理的记录方式以及交流反馈的策略，从而将自学反馈落实到实处。比如，人教版《数学》六年级上册"圆的认识"是一节概念学习课，可以采用"预学后教"的教学方式，提前一天安排预学任务，让学生结合微课进行课前自学，在第二天的课堂教学中组织学生利用活动导学单进行整理反馈。

活 动 导 学 单

活动要求：

1. 想一想、填一填。（前一天自学后完成）

学习完微课后，每人提出 2~3 个问题，并分类填一填。

自己知道答案，想要考考同学的问题	自己不知道答案，要请教同学或教师的问题
1.	1.
2.	2.
3.	3.

2. 说一说。

小组交流自己提出的问题。（6人一组，按照 1-6 号的顺序，1 号提问，2 号回答；2 号提问，3 号回答，以此类推。）

3. 议一议，填一填。

大家将组内的问题汇总，组长将两类问题汇总在表格上。

组内知道答案，想考考其他组的问题	组内不知道答案，要请教同学或教师的问题
1.	1.
2.	2.
3.	3.
4.	4.
5.	5.

4. 组际对抗赛。

比赛要求：

（1）自由选择形成对抗小组，相互比赛。

（2）采取人人参与、一问一答的方式进行。

甲方		乙方
1 号	PK	1 号
2 号		2 号
3 号		3 号
……		……

这份活动导学单的设计充分考虑到了学生在自学后反馈的有效性、参与性，让每个学生都有整理、思考、表达、释疑的机会，而且最后对抗赛的形式使得学生参与的积极性非常高，取得了很好的效果。通过分类整理问题，学生将一些问题通过同伴互助就解决了，还有一些疑难问题留给教师答疑，这既充分发挥了学生学习的自主性，同时也保证了学习的效果。这样的设计模式在其他形式的自学反馈中也可以借鉴运用。

二、探究问题策略各不同

在课堂上经常会有学生自主探究的环节，因为个体是有差异的，所以探究同一个问题往往使用的策略是不同的。如果在这个教学节点上设计一份活动导学单，供学生记录自己的思考方法，再在小组内交流汇报，这样就能充分利用学生原有的差异，通过学生之间进行同伴互助交流，让差异成为一种真正的教学资源，同时也激发了学生探究和交流的兴趣。

比如浙教版《数学》五年级上册"组合图形的面积"一课，这节课的目标是使学生通过学习能综合运用面积公式，利用割补的方法灵活地计算组合图形的面积。教师在课上安排了这样一个探究活动：

出示情景：学校操场边有一块空地要铺上草皮，总务处老师要去采购，你能告诉老师至少需要多少平方米草皮吗？

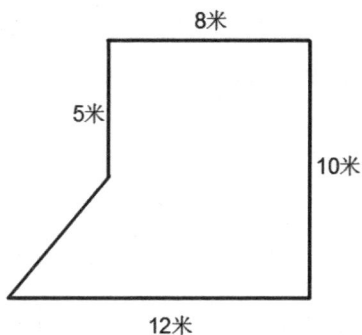

活动导学单

活动要求：

1. 想一想：先独立思考你有哪些方法可以解决，并在导学单上列出算式。

2. 说一说：小组成员依次交流，从方法最少的人开始说，相同的方法不重复说。

3. 补一补：组长把组内所有的方法整理在自己的导学单上，准备汇报；其他同学补充自己原来没有的方法。

这样的设计，既能保证学生的独立思考时间，培养了他们自主学习的能力，同时创造了很好的探究交流的平台，通过伙伴互助，学生对于不同的思考方法都有所了解。尤其是在交流顺序的安排上非常科学，让方法最少的人先说，这样可以保证活动的参与率，让那些思维并不是非常敏捷的孩子也有了发言的机会，锻炼了表达能力。从实际教学来看，效果也非常好，课堂中探究讨论交流的氛围非常浓厚，通过集思广益最终产生了下面的 6 种方法，为后续教学的展开提供了进一步讨论的素材。

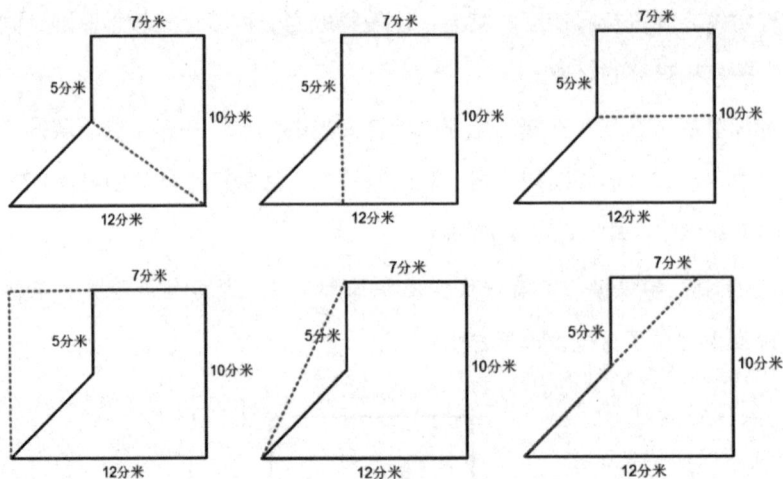

三、解决问题答案不唯一

在课堂中有时候教师会提供一些开放性的情境让学生进行讨论，同一个问题情境可能会产生多个结果，然后利用这些结果再进一步讨论，从而推动课堂行进。在这样的教学节点设计活动导学单，一方面可以让学生独立记录思考过程和问题答案，另一方面也为后续的讨论交流提供了素材。

比如人教版《数学》五年级下册"观察物体（三）"，要求学生根据正面观察的结果，思考出实际的小正方体摆的形状。因为只告诉正面看得到的形状，所以小正方体摆的形状可以有多种情况，这时候就有必要设计一份活动导学单供学生思考、操作、交流使用。

问题情境：用 5 个相同的小正方体，摆出从正面看到的是 的图形，可以有哪些不同的摆法？

出示活动导学单。

活 动 导 学 单

活动要求：

1. 独立思考，将自己的思考记录在导学单上，有困难的可以借助小正方体来摆一摆。

一共有（　　）种摆法，请把你想到的摆法画一画。

```
┌─────────────────────────────────────────┐
│                                         │
│                                         │
│                                         │
│                                         │
│                                         │
└─────────────────────────────────────────┘
```

2. 四人小组交流，先请摆法最少的同学说，摆法多的同学补充，思考是不是每种摆法都可行？

3. 通过这次活动，你有什么收获与发现？

_____

_____

这样的设计意图是：先进行独立思考，充分发挥学生学习的自主性，较全面地暴露学生的差异，让差异成为后续学习的材料。通过课堂实践，这样的设计被证明是有效的，学生的参与性强，思考讨论问题热情很高。这种设计充分利用了学生的差异，将他们独立思考后的不同结果作为讨论学习的素材，符合学生的认知规律。

四、依靠已有经验难以解决困难

有的探究活动需要学生有一定的活动经验作为保障，但当学生第一次碰到类似活动时，往往会无从下手，这时候就应该给予学生恰当的方法指导，合理地引导他们完成探究活动，在这样的教学节点需要设计活动导学单。

比如浙教版《数学》四年级下册"认识平行四边形"一课，在课堂上学生就遇到探索平行四边形特征的活动，由于这是学生第一次从边和角两个维度较全面地来研究一个图形，在这方面的经验比较少，教师就设计了一份有针对性的活动导学单。

活动导学单

活动要求：

1. 同桌两人先分工，确定1人操作，1人记录，并把测量数据记录在平行四边形上。

2. 操作完以后对现象进行分析归纳，并记录在表格中。

3. 前后 2 个小组交流发现，准备汇报。

研究内容				
领取材料				
研究方法，可以选择一种方法进行操作，并打"√"	量	比	剪	其他
操作过程（记录数据或进行描述）				
得出的结论				
组内交流并归纳结论				
小组组员汇报	提示：用多种方式把研究过程说出来			

这样的活动导学单引导得比较详细，对于帮助学生系统探索图形的特征还是非常有必要的，而且在探究方法上给出了一些选择，便于学生发挥主动性，也为后续的交流带来方便。

3.1.2 注入包容个性的差异元素

学生的准备程度、学习兴趣、学习风格、学习能力有着诸多的不同，教师课堂上需要充分考虑学生之间的差异，但班级授课制又往往成为真正实现个性化教学的主要制约。如何既能保证班级教学的效率和效益，又能最大限度地照顾到每个学生的差异？课堂教学中的活动导学单就是包容学生间差异的好载体，可以让更多的学生能够通过导学单的引导来参与到学习和探究中。要让一份活动导学单适合不同层次的孩子，让每个孩子都能主动参与课堂并有所收获，这就要求教师在设计活动导学单时要重点关注学生的差异。设计时可以从以下四个方面来考虑注入差异元素，从而让活动导学单更具包容性和实效性，让更多学生受益。

一、开放的问题

开放问题是指在同一个问题背景下，不同的学生可以进行不同层面的思考，给出差异化的反馈。问题越是开放，所承载的信息就越能包容学生不同的差异，就越能够让更多的学生找到进入问题、思考问题的路径和方法，参与的面也就越广，从而能照顾到每个学生的不同学习起点和最近发展区。开放问题一般分为条件开放、过程开放、结果开放三种形式。无论是哪一种形式的开放都有利于学生打破思维定势，发展个性化思考能力及创新思维。

在设计活动导学单时，利用导学单引导学生探究思考的问题应该具有开放的元素，这样可以更有效地让不同层次的学生共同参与，促进个性化学习的顺利进行。同时将不同学生的思考、想法、意见以导学单为载体表达出来，可以让学生间的差异变成学习交流的资源，方便集体交流讨论。

比如人教版《数学》三年级下册"两位数乘两位数（笔算乘法）"一课，通过情景引入列出了 14×12 的算式，在学生独立尝试计算时，因为学生之间对于这个知识的原有了解程度不同，所以使用的方法也不同，这就需要教师设计合理的导学单，引导学生将不同的方法呈现出来，再进行讨论交流。

活动导学单

活动要求：

1. 用自己喜欢的方法独立计算 14×12，有几种就写几种，并想一想为什么可以这样计算。

2. 在 4 人小组里面交流各自方法，思考：哪些方法小组内已经能够解释清楚了？哪些方法还不确定，需要向全班同学求证？哪些方法之间是有联系的？

3. 准备全班汇报，分享本组的思考、发现或疑惑。

方法 1：	方法 2：
方法 3：	方法 4：

这样的设计可以包容学生初次尝试计算 14×12 时的多种方法。学生的知识储备和理解强度不同，思考的路径也各有不同，比如可能是 14×10+14×2、

10×12+4×12、14×3×4、14×2×6、12×7×2、直接列竖式等方法。学生通过活动单的引导交流这些方法，理解方法的意义及各方法间的联系，对于学生理解两位数乘两位数的算理很有帮助。

二、平行的任务

平行任务是指面对同一个大的学习任务情境，提供富有差异的探究素材，形成多个子任务，各个子任务间的探究目标与思辨要素都基本一致。一般以2~3个子任务为一组平行任务，可供学生进行选择。任务完成后，各个子任务之间可以进行交流沟通，并将任务之间的差异作为重要的反馈要素。在活动导学单设计的过程中，可以考虑平行任务这一因素，从而增强导学单的包容性，更好地促进学生个性化学习。

比如在人教版《数学》五年级下册"长方体的认识"这一课，多数教师都会在课上安排用小棒拼搭长方体框架的环节，如果在这一环节采用活动导学单将平行任务呈现出来，就能很好地顾及学生间的差异，并让差异成为后续学习的资源。

活动导学单

活动要求：

1. 请在下列4项任务中选择一项，完成长方体框架的拼搭。时间多的同学可以完成2项任务，材料在相应编号的信封内。

2. 你选择的任务是否顺利完成？思考成功或者不成功的原因。

3. 小组内分享各自完成任务的情况，交流并思考有什么发现？

小棒长度	任务1/根	任务2/根	任务3/根	任务4/根
9cm	4	4	3	2
7cm	4	4	8	12
4cm	4	8	5	2

这4组任务所提供的材料均可以搭成长方体，任务的目标是一致的。但4种任务的材料搭建的难易程度不同，对学生的思维能力的要求也不同，学生可以根据自己的能力进行不同的选择。而这些不同的材料拼搭成长方体后，为后续继续研究长

方体的特征，以及长方体与正方体的关系提供了鲜活又合适的素材。

三、个性化指导

个性化指导是指根据学生在数学活动中可能碰到的问题，给予不同程度的学生以相应的帮助和指导。指导语进行分层设计，根据探究问题的不同可以有序设计3~4 层指导语供学生选择，设计各层次指导语时应遵循由放到扶、由粗到细的原则。学生阅读时从提示较少、指导较为粗略的指导语开始，如果没有得到启示或仍不能解决问题，则再阅读提示较多、指导较为细致的指导语。这样的设计可以让更多的学生有能力参与到探究活动及数学思考的过程中，不至于在课堂上有太多"不知所措"的空白时间。对于难度较大的探究活动可以运用个性化指导来设计活动单，有效进行个性化、差异化学习。

比如浙教版《数学》六年级上册拓展课"滚动的圆"，课中需要学生自主探究圆绕着正方形无滑动地滚动一周后，圆心所经过的路线长度以及圆扫过的面积大小。这一任务对学生来说具有较大的挑战性，由于学生原有水平不同、能力各异，有的学生可以自主进行探究活动，思路清晰；有的学生可能就变得无从下手，胡乱应对。这时候设计一份分层指导的活动单，让不同程度的学生做适合自己的探究，让每个学生都能参与到课堂探究中。

活动导学单

活动要求：

信封内有四张"智慧卡"，分别是 A、B、C、D。每一张卡上都有一些信息。

（1）先看"智慧 A 卡"，独立画图，并完成任务。

（2）当有困难时，再看"智慧 B 卡"，仍旧有困难，再看"智慧 C 卡"，以此类推。

（3）4 张卡都看完后仍旧有困难的，可以举手示意，等待老师或同学的帮助。完成任务较快的同学可以帮助有困难的同学。

智慧 A 卡

如图所示，一个半径为 1 厘米的圆，沿着正方形
（边长为 6 厘米）外侧无滑动地滚动一周。

（1）画出圆心经过的路线，并求出路线的长度。

（2）画出圆扫过的面积，并求扫过面积的大小。

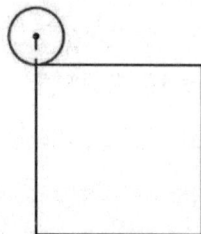

智慧 B 卡

如图所示，一个半径为 1 厘米的圆，沿着正方形
（边长为 6 厘米）外侧无滑动地滚动一周。

（1）画出圆心经过的路线，并求出路线的长度。

（2）画出圆扫过的面积，并求扫过面积的大小。

（想一想，圆心经过拐角时，会形成怎样的路线呢？）

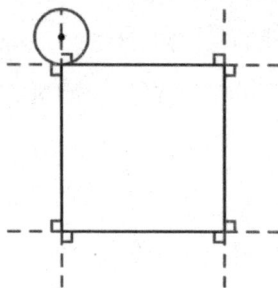

智慧 C 卡

如图所示，一个半径为 1 厘米的圆，沿着正方形
（边长为 6 厘米）外侧无滑动地滚动一周。

（1）画出圆心经过的路线，并求出路线的长度。

（想一想：圆心经过拐角时，会形成怎样的路
线呢？可以用圆规来帮着试一试。）

（2）画出圆扫过的面积，并求扫过面积的大小。

（圆面经过拐角时，又会形成怎样的图形？）

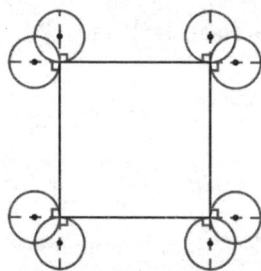

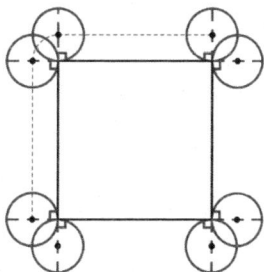

智慧D卡

如图所示，一个半径为1厘米的圆，沿着正方形
（边长为6厘米）外侧无滑动地滚动一周。

（1）画出圆心经过的路线，并求出路线的长度。

（图中已经画出了一部分，你能接着画吗？）

（2）画出圆扫过的面积，并求扫过面积的大小。

（圆面经过拐角时，是不是会形成一个扇形呢？）

小组合作交流的要求：

（1）选择D卡的同学先说，然后选择C卡的同学再说或补充，依次类推。

（2）小组推选一个同学向全班同学汇报。

这四份"智慧卡"需要学生探究的任务是相同的，都是画出圆绕着正方形无滑动地滚动一周后圆心的轨迹和圆面扫过的区域，并进行计算。但是每份"智慧卡"所给出的提示是不同的，由A到D，提示越来越多，图示也越来越详细。这样的设计照顾到了不同水平层次的学生参与探究活动，他们可以选择适合自己的智慧卡进行力所能及的探究。

四、差异化练习

课堂中学生需要进行及时的巩固练习，以便教师了解教学效果，并进行有针对性的查漏补缺、反馈辅导。由于学生学习基础和能力的不同，学习效果各异，所以教师在提供练习时要考虑不同学生的需求，既要有统一保底的巩固练习，又要有不同层次的提升练习的设计。运用活动导学单可以把分层练习、交流反馈要求整体呈现出来，方便不同程度的孩子巩固提升。

比如在浙教版《数学》五上"小数乘小数"第一课时，学习内容为结果末尾无零的小数乘小数运算。在进行随堂练习时，为了了解学生对于新知识的掌握情况并进行及时跟进反馈，让不同的学生得到相适应的提升，教师可以设计如下所示的活动导学单：

活动导学单

活动要求：

1. 独立完成一星及二星级的题目，完成后四人小组内进行校对，校对后如果有疑问可以举手寻求教师的帮助。

2. 如果一星级及二星级全对，请继续完成三星级题目。如果有错，先订正并思考为什么错，举手示意教师批改，过关后继续完成巩固练习。

☆先写出积中有几位小数，再列竖式计算。

6.7×0.9　　　　　0.16×2.6　　　　　3.08×2.4

☆☆根据 $56 \times 13 = 728$，直接写出下面各题的积。

$5.6 \times 13 =$　　　　$0.56 \times 13 =$　　　　$5.6 \times 0.13 =$

$5.6 \times 1.3 =$　　　　$0.56 \times 1.3 =$　　　　$0.056 \times 1.3 =$

☆☆☆填空：

$0.0007 + 0.0005 = ($　　$)$　　　　$0.0007 \times 0.0005 = ($　　$)$

$700 + 0.0005 = ($　　$)$　　　　$700 \times 0.0005 = ($　　$)$

巩固练习：

（1）列竖式计算下面各题。

0.26×1.4　　　　4.06×5.2

（2）根据 $46 \times 28 = 1288$，直接写出下面各题的积。

$0.46 \times 2.8 =$　　　　$0.046 \times 28 =$　　　　$4.6 \times 0.028 =$

这份活动导学单既有保底的基础练习，又有出错之后有针对性的跟进练习，也有帮助孩子深入理解的拓展练习，考虑到了各个层次学生的需求，在保底的基础上又有个性化的提升。此类活动导学单的组织实施对教师的反馈能力有一定的要求，教师要实时对学生练习的情况进行评估和指导，并根据实际情况在恰当的节点组织交流讨论。当然，如果班级内信息化技术及设备条件允许，则可大大降低教师的操作难度，校对可以通过学生扫二维码自主批改来实现，利用信息化设备推送个性化的巩固习题也会变得更加高效和有针对性。智能化的练习诊断和推送是数学课堂信息化发展的趋势，这些技术的普及会帮助更多的孩子实现个性化的学习。

3.1.3 采用符合认知的呈现方式

设计一份活动导学单要从语言表述方式、材料的选择、引导的步骤等多方面考虑，一份高质量的活动导学单一定是适合学生认知方式的，便于学生理解，并能根据导学单进行自主学习，其呈现的方式一般有以下几个要求：

一、语言精练易懂，便于学生阅读

一份活动导学单离不开指导语，指导语的作用在于提示学生如何使用导学单。指导语的设计一定要符合学生的学情，所有陈述的语言都是要让学生容易看得懂的，如果有难以理解或者有歧义的词出现，不但不会起到导学的作用，反而会导致教师在课堂上花不必要的时间解释活动导学单，这样就起到了适得其反的效果。

二、活动步骤清晰，便于学生操作

活动导学单的作用在于引导学生通过有效的活动获得知识。所以在设计时，要注意将活动步骤交代清楚，以方便学生参与活动，让学生拿到导学单就知道每一步自己需要干什么，什么时候需要自己安静地独立思考，什么时候进行实践操作，什么时候需要与同伴交流，什么时候需要准备汇报。如果活动步骤交代不清，则会让学生感到无从下手，从而影响学习效率和质量。

三、材料选择精当，便于学生思考

活动导学单的设计离不开活动材料的设计与选择，一份恰当的活动材料会让学生思考得更加有效、深入。比如让学生探究三角形面积公式的活动，当然需要准备不同类型的三角形（直角三角形、钝角三角形、锐角三角形）作为探究材料，如果材料单一的话往往会让探究变得不够科学。

四、记录方式合理，便于学生交流

活动导学单要求学生将活动过程中的探索、思考和收获都记录下来，方便后续的交流汇报。所以在设计时，教师要考虑好学生以怎样的形式记录比较好，可以设计清晰的表格方便学生填写记录，也可以在某些问题后面设计横线，让学生明白这里需要填写自己的思考。合理的记录方式，一方面可以帮助学生整理自己的思考；另一方面，方便学生表述自己的思考，并作为后续交流的材料。

3.2 活动导学单的使用策略

设计完成一份活动导学单后，如何将其有效使用直接关系到课堂的学习效果。在使用活动导学单时，允许教师有自己的理解与方法，但需要在时间、频次、反馈、评价这几个方面做到一些基本要求。

3.2.1 预估时间，充分展开

教师在使用活动导学单的时候要注意好时间的问题，要在课前预估大部分学生使用这份活动导学单所需要的时间，要留足学习的时间，便于达到良好的学习效果。首先，要留给学生充分的独立思考时间，只有充分的独立思考时间才能保证学生学习的自主性，才能产生后续进一步交流的素材。其次，要保证合作交流的时间，只有时间充分了，才能保证每个成员都有发言交流、质疑思考的机会。最后，要保证全班反馈交流的时间。虽然在小组活动中已经交流得比较充分了，但是组与组之间还是存在着差异，在全班交流时要留出充分的时间让各个组把不同的意见都表述出来，这样才能有利于把研究的问题探究清楚，让每个学生都有机会理解所探究的问题。这三个方面的时间要做好充分预设，确定"独立思考""小组交流""全班汇报"各需要多少时间。在实际运用中可以整体进行，告知学生"独立思考"和"小组交流"一共有多少时间，让学生自由进行分配。也可以由教师进行时间切分，如先给出一定的时间进行"独立思考"，大部分同学完成后，教师再提示可以进行"小组交流"。

3.2.2 控制频次，使用有度

在一节课的教学时间内，教师需要注意使用活动导学单的频次。虽然活动导学单能够引导学生进行自主学习、提升学习体验和效能，但并不是使用活动导学单越频繁越好。教师要根据课型特点和学习内容的要求，在一节课内使用1~2次活动导学单比较适宜，最多不超过3次。这样的频次可以有效保证导学单的使用效能。当然并不是每一节课都需要使用活动导学单，教师可以根据实际需要灵活处理。

3.2.3 基"单"反馈，方式合理

教师利用活动导学单组织数学学习活动，在反馈环节要依托导学单进行，将导学单作为组织反馈交流的载体。首先，教师要指导学生按照导学单的要求，将自己的思考和探究过程记录在导学单上；其次在组内反馈时，要指导学生拿着导学单进行反馈，要根据导学单的提示和要求进行交流讨论；最后教师在组织全班交流时，也要基于小组内已经讨论过的导学单进行反馈，让学生的关注点集中在导学单引导讨论的问题，围绕着这些问题进行汇报质疑，或者是通过呈现几组学生的导学单，从这些导学单的对比中有一些新的发现、新的收获，从而将使用和反馈有机统一起来。

3.2.4 依托小组，自评互评

在课堂中利用活动导学单进行教学，如何对学生进行评价是值得思考的问题。课堂评价往往会过分依赖教师的主导，教师往往成为评价的主体，而学生往往处于被动接受评价的位置。但因为教师在课堂中的精力有限，有时候可能因为没有及时关注而错过一些评价的契机，导致评价缺失或者滞后。所以比较理想的评价应该要依托小组，依托学生，让学生在活动的过程中关注到自己以及他人的表现，在活动中花一点点时间进行自评和互评，进行一种嵌入式的及时互动评价。设计合理的评价表单能减轻学生在评价过程中的时间负担，具体操作详见下一节内容。

3.3 活动导学单的评价策略

3.3.1 嵌入式评价的定义

嵌入式评价是基于活动导学单并嵌入在课堂活动中的评价，它是学生学习过程中的重要组成部分。在这个过程中，教师先要预设好活动的目标，以及学生参与活动所要达到的要求，并且明确评价的标准，依据标准让学生进行自评和他评。

嵌入式评价模式主要由参与活动的行为分析、评价表单设计、评价表应用策略三个部分组成。整体的实施路径图见图3-2。

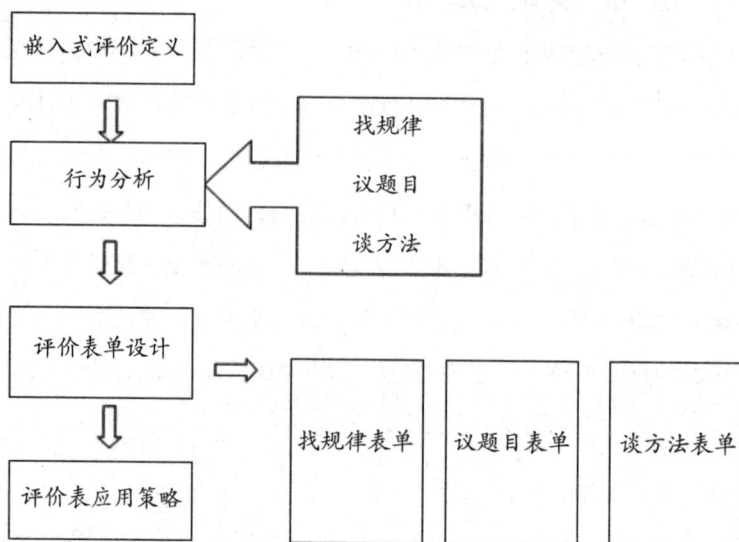

图 3-2 嵌入式评价实施路径图

3.3.2 参与课堂数学学习活动的行为分析

基于活动导学单的学习评价观与传统的教学评价观有较大不同。传统教学评价重点关注个体，关心个体获得知识的情况，关注个体在整个过程中的表现。基于活动导学单的评价则是将个体和小组整体作为一个不可分割的混合体，将组作为一个评价单位，而个体都是组内的构成细胞，所以每个个体都要关注自己对整体的贡献度以及参与度。组内能力强的学生要考虑到如何帮助能力弱的学生，能力弱的学生要考虑如何跟上大部队的节奏，这样就形成了一个互帮互助、合作共赢的良性循环。

在小学阶段的数学学习中基于活动导学单的学习活动主要可以分为三种任务：找规律、议题目和谈方法。

一、找规律

在数学学习中有些内容的综合性比较强，需要有比较强的思考力来解决，或者是在大量的实例呈现后才能找出规律，多数学生在自主探究中会遇到困难，这时候就需要依靠小组的力量，将每个人的不同的观点和思路进行展示，在展示的过程中进一步明确规律性的知识，从而真正解决问题。如学习运算定律、商不变性质等。

二、议题目

在数学学习过程中碰到的有些问题是非常具有挑战性的，有些学生解决起来会比较困难。这时候让学生结合活动导学单进行探究讨论，就降低了问题的难度，从而便于学生解决问题。如面积公式的推导、三角形内角和等。

三、谈方法

因为差异的客观存在，面对同一个问题，学生的思考方法、解题策略往往各有不同，教师要及时组织学生合作学习，鼓励学生把这些方法和策略展示出来，与同学分享、交流，促进学生更好发展。如鸡兔同笼问题、组合图形面积等。

3.3.3 嵌入式课堂活动评价表单设计

基于以上三大块内容，教师可以依据实际教学内容的需要制定三类评价表单，每个学生都有一份表单要在课堂活动中进行填写，然后以组的形式将评价等级汇总在全班评价表中，如表3-1、表3-2和表3-3所示。

表3-1 "找规律"类评价表单设计

日期		组名				
活动目标	1.通过合作探究，对事物的排列规律有初步的了解。2.经历探索，发现规律的过程，寻找规律的思考方法。3.利用规律解决问题。					
项目	要素	达标要求		自评	组评	他组评
交流与合作	同伴协作	1.乐于与同学合作，与同学融洽相处。（必须达成）2.积极参与组内讨论。3.掌握与同伴交流的方法。				■
	沟通分享	1.能与他人交流和分享自己的方法。2.尊重别人的意见，准确表达自己的想法和意见。				■
讨论结果		讨论有进展，能找到规律。		■		
任务达成		能利用规律解决问题。		■		

续表

综合评价	组员展示	1. 声音响亮，汇报内容准确、清晰。 2. 寻找的规律是正确的，有价值的。	▓		
	导学单中对应的练习	1. 组内成员全部过关是优秀。 2. 3人过关是良好（如学困生表现特别出色，练习有较大进步的，也可以评价良好）。 3. 2人或以下过关是不合格。	▓		▓
评价等级					

评定等级：优秀为"A"，良好为"B"，合格为"C"不合格为"D"。▓为不需要作出评价。
如没有"导学单中对应的练习"，则这一栏不作评价。

表3-2 "议题目"类评价表单设计

日期		组名			
活动目标	1. 经历探索、发现数学公式的过程。 2. 利用发现的公式解决数学问题。				
项目	要素	达标要求	自评	组评	他组评
交流与合作	同伴协作	1. 乐于与同学合作，与同学融洽相处。（必须达成） 2. 积极参与组内讨论。 3. 掌握与同伴交流的方法。			▓
	沟通分享	1. 能与他人交流和分享自己的方法。 2. 尊重别人的意见，准确表达自己的想法和意见。			
讨论结果		讨论有进展，能根据教师提供的资源推导出正确的数学公式。	▓		▓
任务达成		能利用公式解决问题。	▓		▓
综合评价	组员展示	1. 声音响亮，汇报内容准确、清晰。 2. 数学公式是正确的，有价值的。	▓		
	导学单中对应的练习	1. 组内成员全部过关是优秀。 2. 3人过关是良好（如学困生表现特别出色，练习有较大进步的，也可以评价良好）。 3. 2人或以下过关是不合格。	▓		▓

续表

评价等级	

评定等级：优秀为"A"，良好为"B"，合格为"C"，不合格为"D"。 ███ 为不需要作出评价。

如没有"导学单中对应的练习"，则这一栏不作评价。

表3-3 "谈方法"类评价表单设计

日期		组名				
活动目标	1. 通过合作综合运用知识解决具体问题。 2. 汇总和归纳方法。 3. 独立解决数学问题。					
项目	要素	达标要求		自评	组评	他组评
交流与合作	同伴协作	1. 乐于与同学合作，与同学融洽相处。（必须达成） 2. 积极参与组内讨论。 3. 掌握与同伴交流的方法。				███
	沟通分享	1. 能与他人交流和分享自己的方法。 2. 尊重别人的意见，准确表达自己的想法和意见。				███
讨论结果		讨论有进展，能找到多个解题方法和策略，并能进行汇总和归纳。		███		███
任务达成		能独立解决问题。		███		███
综合评价	组员展示	1. 声音响亮，汇报内容准确、清晰。 2. 寻找的规律是正确的，有价值的。		███		
	导学单中对应的练习	1. 组内成员全部过关是优秀。 2. 3人过关是良好。 3. 2人或以下过关是不合格。		███		███
评价等级						

评定等级：优秀为"A"，良好为"B"，合格为"C"，不合格为"D"。 ███ 为不需要作出评价。

如没有"导学单中对应的练习"，则这一栏不作评价。

由于评价的针对性很强，每一项要求都非常清晰，这能让每个组员都知道自己在哪些方面应加以努力，从而形成比较和对照。而且这些评价都是在活动中进行的，反馈非常及时，可以增强学生的自信心与成就感，产生继续进步的信心与勇气。

3.3.4　评价表单的应用策略

要在实际教学中应用基于活动导学单的嵌入式评价，要充分发挥评价促进活动效果的作用，需要做到以下几个方面：

一、建立一套有序的活动规则

1. 合理分工，各司其职。当教师提供了活动导学单进行活动时，每个活动组长要做好组织工作，搞清楚什么时候各自独立思考、什么时候组织组员进行讨论，每个组员也要清楚每个人的任务。

2. 培养良好的参与活动的习惯。一是独立思考，必须有自己思考的时间才能保证后续的有效交流；二是积极参与，踊跃发言；三是善于倾听，虚心学习；四是遵守课堂纪律和合作规则。

二、教师积极参与，适时对活动进程进行调控

教师要积极参与到活动中，而且要适时发挥教师的合作和引导作用。教师在参与活动、进行评价时，要注意发扬民主，要善于提取学生的意见和想法，如果学生在活动中出现较大的偏差，要对学生进行善意的提醒和正面的引导。

三、合理评价，激励学生

教师在参与活动的过程中要合理评价，时刻牢记评价的目的是更好地促进学生、激发兴趣。在评价的过程中要做到过程和结果相结合，而且要重点关注学生在过程中的表现。小组整体评价和组员个体评价相结合，而且要更加关注团队的整体表现。

四、嵌入活动，及时有效

嵌入式评价是作为活动导学单的一部分，是嵌入在整个活动过程中的，在活动开展过程中或者一结束就要马上评价。而且评价的过程是非常简单的，只要学生将刚才活动过程中的表现进行回顾然后选择即可，评价是简单高效的。比如在学习浙教版《数学》五年级上册"梯形的面积"一课时，教师安排了通过活动探究梯形面积的这一环节，在活动导学单中嵌入了评价单，让学生在活动中就及时对各自的表现进行评价。

活动导学单

活动要求：

1. 独立思考，如何把它转化成学过的图形。

2. 梯形的面积可以怎么计算？你是怎样思考的，把思考过程记录在导学单。

_____

_____

_____

3. 四人小组交流。

4. 汇报。

5. 完成评价表单的填写（其中一组学生的填写单）。

日期	2019 年 12 月 3 日	组名　蜡梅组			
活动目标	1. 通过合作，综合运用已知知识解决新的数学问题。 2. 汇总和归纳方法，理解不同公式之间的内在联系。 3. 独立解决数学问题。				
项目	要素	达标要求	自评	组评	他组评
交流与合作	同伴协作	1. 乐于与同学合作，与同学融洽相处。（必须达成） 2. 积极参与组内讨论。 3. 掌握与同伴交流的方法。	B	B	
	沟通分享	1. 能与他人交流和分享自己的方法。 2. 尊重别人的意见，准确表达自己的想法和意见。	B	B	
讨论结果		讨论有进展，能找到多个解题方法和策略，并能进行汇总和归纳。		B	
任务达成		能独立解决问题。		B	

续表

日期	2019 年 12 月 3 日	组名　蜡梅组			
综合评价	组员展示	1.声音响亮，汇报内容准确、清晰。 2.寻找的规律是正确的，有价值的。		A	B
	导学单中对应的练习	1.组内成员全部过关是优秀。 2.3 人过关是良好。 3.2 人或以下过关是不合格。		B	
评价等级		B			

第四章　结果与分析

4.1　学生整体的发展与变化

在上城区的一所普通学校的四到六年级共 368 名学生中，进行了为期一个学年的活动导学单的教学实践。除了期末复习阶段外保证每周一节数学课使用活动导学单，通过前后的调查问卷数据对比分析发现，在学习兴趣、学习状态、学习效果等方面有较明显的提升。

4.1.1　独立思考时间有所增加

在回答"你觉得在数学课上有自己独立思考的时间吗？"问题时，学生在教学实践开始前和结束时的选择情况有一定的变化，具体数据如表 4-1 所示：

表 4-1　学生自我感觉独立思考时间情况统计表

项目	独立思考时间情况			
	很多	比较多	有一点	基本没有
实践前	65 人	135 人	141 人	27 人
百分比	17.7%	36.7%	38.3%	7.3%
实践后	98 人	172 人	78 人	20 人
百分比	26.6%	46.7%	21.2%	5.4%

从数据上的变化可以看出，在课堂上运用了活动导学单后，学生可以感受到独立思考的时间在增加。能否进行独立思考是学生数学能力的一个重要的标准，而独

立思考的能力并不是与生俱来的，而是需要在课堂上不断尝试和实践，慢慢积累形成的一种能力。数据也验证了活动导学单作为一种载体，使学生有更多的机会、更广的空间去进行独立思考，它对学生整体数学素养的提升是有帮助的。

4.1.2　差异化学习机会增加明显

在回答"你觉得数学课上你有机会与其他孩子进行不同的学习吗？（比如探究问题时可以选择不同的方法和材料、完成练习时可以选择不同的题目等等）"这个问题时，学生在教学实践开始前和结束时的选择情况有一定的变化，具体数据如表4-2所示：

表4-2　学生差异化学习机会情况统计表

项目	差异化学习机会情况			
	很多	比较多	有一点	基本没有
实践前	42 人	68 人	138 人	120 人
百分比	11.4%	18.5%	37.5%	32.6%
实践后	85 人	156 人	103 人	24 人
百分比	23.1%	42.4%	28.0%	6.5%

从数据中可以看到，在运用了导学单后，学生感觉到差异化学习的机会显著增加，尤其是觉得"基本没有"的比例下降得非常明显，觉得机会"比较多"的比例显著增加。这说明运用了活动导学单后，大部分学生都能够找到适合自己的学习路径，让个性化、差异化学习有了落实的载体。这从另一个侧面也说明了，课堂上学生的学习更加优质、高效，减少了优等生和学困生这样的"两头生"由于"陪读"而浪费的课堂时间。

4.1.3　课堂中合作学习的机会有所提升

在回答"你觉得在数学课上有跟同学合作学习的机会吗？"这个问题时，学生在教学实践开始前和结束时的选择情况有一些变化，具体数据如表4-3所示：

表4-3　学生参与合作学习机会情况统计表

项目	合作学习机会情况			
	经常有	有时有	比较少	基本没有
实践前	45 人	113 人	157 人	53 人

续表

项目	合作学习机会情况			
	经常有	有时有	比较少	基本没有
百分比	12.2%	30.7%	42.7%	14.4%
实践后	156 人	112 人	87 人	13 人
百分比	42.4%	30.4%	23.6%	3.5%

从数据中可以看到，学生感觉到与同伴参与合作学习的机会有了明显的增加，共有 72.8% 的学生觉得参与合作学习的机会是"有时有"或是"经常有"，可见大部分孩子能够感受到合作学习在课堂中的发生。这个数据表明有了活动导学单的引导，学生会根据活动单上的提示，有策略有方法地与同伴进行合作学习，提高了学习的参与率，更加自然顺畅地与同伴进行合作交流、共同探索。如果长此以往，学生会在合作中积累各种经验、增强各项能力，为后续的学习及发展打下坚实的基础。

4.1.4 课堂中学生探究结果的来源有所变化

在回答"在数学课上需要探究一些新的知识，这些新的知识你是怎么学到的？"这个问题时，学生在教学实践开始前和结束时的选择情况有一些积极的变化，具体数据如表 4-4 所示：

表 4-4 学生探究新知获得结果途径情况统计表

项目	新知获得结果途径情况			
	自己获得	同伴告知	教师讲解	课后获知
实践前	32 人	66 人	249 人	21 人
百分比	8.7%	17.9%	67.7%	5.7%
实践后	60 人	167 人	124 人	17 人
百分比	16.3%	45.4%	33.7%	4.6%

从数据中可以看到，学生在课堂上获取知识的渠道在实践前和实践后有了较大的变化。从实践前的主要集中在从"教师讲解"中获得，变化为以"同伴告知"为主要来源，"自己获得"的比例也有显著提升。这说明在课堂上使用了活动导学单后，因为有了更多的探究交流机会，学生获取知识的渠道更加多元，可能是在同伴交流的过程中就理解了知识。当然，如果学生在探究活动中没有理解掌握知识，教师可以在组织全班汇报交流时进行指点。数据从另一个侧面也说明了活动导学单的使用

能够更加照顾到不同程度学生的差异，能让学生之间的差异成为教学的资源，让同伴之间能够获得更多的支持。

4.1.5　课堂中学生获得发言的机会有所提升

在回答"你觉得在数学课上有发言的机会吗？"这个问题时，学生在教学实践开始前和结束时的选择情况有一些可喜的变化，具体数据如表4-5所示：

表4-5　学生获得发言机会情况统计表

项目	发言机会情况			
	经常有	有时有	比较少	基本没有
实践前	49人	110人	127人	82人
百分比	13.3%	29.9%	34.5%	22.3%
实践后	89人	133人	86人	60人
百分比	24.2%	36.1%	23.4%	16.3%

从数据中可以看到，学生在课堂上感觉获得发言机会在实践前后有了一定的变化。从实践前有56.8%的学生感觉课堂上获得发言的机会"比较少"或者基本没有，在实践后这个数据变为了39.7%，说明有更多的孩子在课堂中获得了发言的机会。当然，在课堂中要做到人人发言是比较困难的，毕竟课堂教学时间有限，而且学生的程度各异、个性也不同，但创造更多的发言机会、让学生锻炼表达的能力是教师需要做的。活动导学单，让更过的孩子在导学的过程中得到启发、产生想法、获取知识，它提供了探究思考的载体，积累了交流表达的方法，提升了学生的综合素养。

4.2　学生个体的发展与变化

在运用活动导学单进行课堂实践的过程中，在个别学生身上发生了一些有意思的变化。通过对这些变化的记录与分析，我们试图寻找出这些现象背后所蕴藏的教育价值和规律，由此从另一个方面来说明活动导学单对学生学习的帮助。

案例1：小琮的变化

小琮是一位胖胖的男生，在五（2）班就读。数学学习成绩中等，平时在课堂上参与发言不积极，几乎很少举手，但大部分的作业完成得不错。观察了小琮两节数学课上的表现，我们发现了一些有趣的事情。

在浙教版《数学》五年级下册"分数的意义与性质"这一单元，根据课时的安排先学习"分数的意义"一课，这节课的重点是由原先的单个"1"突破为整体"1"，建立单位"1"的概念，由此进一步理解分数的概念："把单位'1'平均分成若干份，表示这样1份或几份的数叫作分数"。教师在课中安排了这样一个环节，如果把8个圆看成一个整体，可以找出哪些分数？如图4-1。教师要求把想到的分数写在自己的本子上。

把8个圆看成单位"1"，你能找出哪些分数？
（能找几个就找几个）

图 4-1

小琼听到教师的要求后就开始静静思考，思考了一会儿后，他在作业本上写下了$\frac{1}{8}, \frac{2}{8}, \frac{3}{8}, \frac{4}{8}, \frac{5}{8}, \frac{6}{8}, \frac{7}{8}$这样7个分数，当他准备接着想还有什么分数可以写的时候，教师宣布时间到，并请学生来进行汇报。小琼看看自己也写了不少，很想举手发言，经过了一番思想斗争，他刚刚举手，教师却已经叫了一个积极举手的同学发言了。发言的同学一口气说了$\frac{1}{8}, \frac{2}{8}, \frac{3}{8}, \frac{4}{8}, \frac{5}{8}, \frac{6}{8}, \frac{7}{8}, \frac{1}{4}, \frac{2}{4}, \frac{3}{4}$这些分数，当小琼听到八分之几的分数都被说完后，轻轻地叹了口气，然后人家说四分之几时，他就没有继续专注听了。后续同学的发言很精彩，又陆续补充了$\frac{1}{2}, \frac{8}{8}, \frac{4}{4}$，$\frac{2}{2}$，还有同学又想到了把每一个圆再平均分成两份得到了$\frac{1}{16}, \frac{2}{16}, \frac{3}{16}, \frac{4}{16}$……，教师看目标已经达成，就结束了找分数这个环节的交流。但后面的内容，小琼都没有认真听，整节课感觉都不够投入，收获很小。

课后我询问了小琼，为什么课上不太愿意举手发言？为什么人家精彩的发言自己不太愿意去倾听？一开始小琼还不太好意思说，后来先聊了一些他感兴趣的动漫人物后，觉得我们关系不错，他才愿意回答。其实他觉得自己蛮厉害的，能够想到八分之几这样的分数，但是想想班里有的同学肯定更厉害，所以一开始不太敢举手。后来教师请了几个举手比较积极的同学，把他所想的都说出来了，他觉得自己已经没有机会再说了，所以就有点沮丧，后面也觉得反正没自己什么事，所以就没有积极思考、认真参与了。而且这样的情况不是第一次了，于是他就觉得："人家总是比我想得快、想得好，反正没我什么事。"

像小琼这样的学生其实每个班里都多多少少会存在。平时我们教师可能更加关注的是积极举手发言的学生，这些学生比其他学生得到了更多的交流表达和展示的机会，但对于一般的学生来说，这样的机会却太少了。渐渐地，就出现了两极分化的现象，经常发言的孩子由于得到了锻炼，能力越来越强，也越来越自信；而那些轮不到发言或是不太敢表达的孩子，渐渐畏惧举手发言，也渐渐地不愿积极思考、思辨交流了，慢慢地就疏远了课堂。

小琼的班级进行了活动导学单的实践尝试，一周保证有一节课是运用活动导学单引导教学。不久之后项目组又到小琼班里听课，这次教师执教同一单元中的"异分母分数比较大小"一课。在这节课之前，学生已经学习了同分母分数比较大小、分数的基本性质、通分等相关知识，教师在探究环节安排使用了活动导学单，如下：

活动导学单

活动要求：

1. 在以下题目中选择一题或两题进行独立思考，能想出几种方法就写几种。

2. 在四人小组中交流你选择的题目，一个一个轮流讲，如果自己选择的题目其他同学也选择了，但方法不同，请补充。

3. 小组讨论，整理本小组需要汇报的题目。

$$\frac{7}{11} (\quad) \frac{3}{7} \qquad \frac{4}{25} (\quad) \frac{2}{15} \qquad \frac{5}{11} (\quad) \frac{13}{21} \qquad \frac{7}{9} (\quad) \frac{5}{7}$$

你选择的题目是：_____。

你的方法（有几种就写几种，在你最喜欢的一种方法上打☆）：

_____

_____

_____

小组准备汇报的题目是：_____。

你们的方法（有几种就写几种，在你们最喜欢的一种方法上打☆）：

_____

_____

_____

_____

　　小琮拿到了活动导学单后先看了看这四道题目，他选择了自己觉得最有把握的第二题 $\frac{4}{25}$（　）$\frac{2}{15}$ 进行解决。他一共想出了两种方法，一种是通分找出 25 和 15 的最小公倍数是 75，$\frac{4}{25}=\frac{12}{75}$，$\frac{2}{15}=\frac{10}{75}$，因为 $\frac{12}{75}>\frac{10}{75}$，所以 $\frac{4}{25}>\frac{2}{15}$。另一种是变成同分子分数，4 和 2 的最小公倍数是 4，$\frac{4}{25}=\frac{4}{25}$，$\frac{2}{15}=\frac{4}{30}$，因为 $\frac{4}{25}>\frac{4}{30}$，所以 $\frac{4}{25}>\frac{2}{15}$。他写完两种方法后，正好教师宣布可以进行小组讨论。小组讨论时组长进行了组织，先询问了一下同组每个学生选择的情况，在四个学生中，两个学生选择了第一题，选择第二题的就一个学生，还有一个学生选择了第四题。组长决定只有一个人选择的题先交流，第一个就轮到小琮说了，小琮把自己的两种方法跟大家做了介绍，大家觉得这道题目这两种方法都比较适合，没有其他方法进行补充。小琮讲得很认真，讲完后获得了同伴的肯定，非常开心，后面小组的讨论也非常积极地参与了。同组小伙伴在讨论第四题时又提出了与标准量"1"来比较，在讨论第一题时同伴也提出了可以跟"$\frac{1}{2}$"来进行比较。在全班汇报时又有学生提出可以都化成小数来进行比较，整个探究交流过程小琮都很认真地参与了。

　　课后，我询问小琮这节课为什么能这么认真？他的回答很有意思，他说今天心情好。问他为什么今天心情好呢？他说："因为我的想法跟同伴进行了分享，同伴们觉得我做得还行，我觉得蛮开心的。他们分享的时候，我必须要认真听听他们是怎么想的，说明我也很重视大家的想法。"

　　确实，在利用活动导学单进行探究活动的时候，教师充分考虑和照顾到了孩子们的差异，而且有机会让这种差异在小组内交流表达，尊重了每一位学生参与学习、表达想法、思辨探索的权利，从而增强了参与学习的兴趣。相比课堂上一对一的直接反馈，这样的方式有助于让更多的孩子提升综合学习素养。

案例 2：无助的小珺

小珺是六年级的一位女生，有点腼腆内向，不太愿意交流，数学成绩不太理想，属于班级的后 10%，对数学学习有畏难情绪，尤其是对于一些思维含量较高的问题不太愿意接触，但好在计算能力还行，所以每次测查都靠计算拿分，能够勉强及格。

这天他们班上了一节浙教版《数学》六年级上册的"圆与正方形"的拓展课，这节课的主要学习任务就是要探究清楚正方形与正方形内最大圆的面积关系以及圆与圆内最大正方形之间的面积关系。因为是一节探究型的拓展课，所以教师在课堂教学中安排了较多的探究活动。比如出示一幅图（如图 4-2），请学生尝试探究正方形与圆形这两者之间的面积关系。

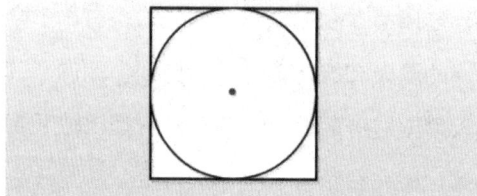

尝试研究它们的面积关系

图 4-2

教师的问题一出，很多孩子马上开始整理思路去尝试探索。但是小珺却迟迟没有动笔，她静静地坐着，看着这个问题，没有询问边上同学，也没有举手示意教师自己遇到了困难。她就这样默默地坐在座位上，直到教师看很多同学都探究出了结果，喊了停。在下面的交流反馈环节中，小珺很努力地听着同学的发言和教师的引导，但在她脸上显露的却是茫然的表情。

课后，我询问了小珺，这节课的知识是否已经学会？她告诉我她知道了一些，正方形与正方形内最大圆的面积比是 4：π，后面探究的圆与圆内最大的正方形的面积比因为教师和同学们讲得很快，所以没有记牢。我又进一步询问了在探究问题的时候她在想什么？她的回答让人有点心酸。她说："我在想老师要让我们做什么？我该怎么做？但是想想又想不出，又不能去打扰同学和老师，所以这时候安安静静地坐着是最好的。"任课教师也反馈：这样的情况并不是第一次出现，只要是要求独立思考一些有难度的问题，她就会选择安静地坐着，其他也没有什么好办法，她自己也已经习惯了。

小珺的无助与无奈在课堂中绝不是个别现象。确实，在课堂中由于学生之间的差异明显，在独立探究一个问题的时候，有的孩子能够顺利进行，有的孩子却又束手无策。当然教师在考虑到学生的差异后，可以将探究的问题做适当的分解，或者给予恰当的提醒、铺垫，但是这样又会对那些能力强的孩子造成前置干扰，久而久之，能力强的孩子独立思辨的能力会减弱，渐渐地就会按照教师的设定进行探究，限制了自己的发展空间。

如果能够合理运用活动导学单，就能有效解决探究差异的问题。比如小珺遇到的探究正方形与正方形内最大圆的面积关系的问题，也可以设计成如下的活动导学单。

活动导学单

活动要求：

信封内有四张"活动卡"，分别是 A、B、C、D。每一张卡上都有一些信息。

1. 先看活动 A 卡，如果有困难，可以看 B 卡，依次类推；

2. 结合你选择的活动卡独立思考研究；

3. 如果还有困难，可以举手申请和教师一起研究。

四人小组交流建议：

1. 选择 D 卡的先说，然后按照 C、B、A 的顺序进行补充；

2. 想一想可以用什么方法来说明你们的发现是正确的；

3. 推荐一人准备汇报。

活动 A 卡

独立思考，正方形与正方形内最大的圆面积有怎么的关系？

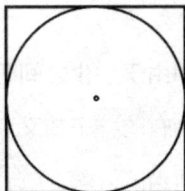

活动 B 卡

正方形与正方形内最大的圆面积有怎么的关系？你能试着举几个例子来找一找它们的关系吗？

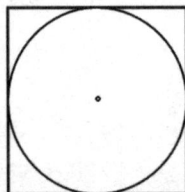

活动 C 卡

正方形与正方形内最大的圆面积有怎么的关系？你能举几个例子来找一找关系吗？比如半径是 1 厘米，正方形边长就是 2 厘米，那么正方形和圆的面积是多少？如果半径是 2 厘米呢？自己可以算一算。

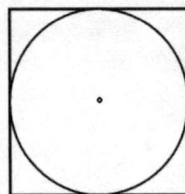

活动 D 卡

正方形与正方形内最大的圆面积有怎样的关系？请填一填下面这张表格，然后看看他们有什么关系。

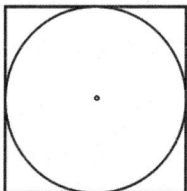

正方形的边长 /cm				
圆的半径 /cm				
正方形的面积 /cm²				
圆的面积 /cm²				
正方形面积：圆面积				

这样的活动导学单的处理，可以很好地照顾到学生间的差异，能力强的同学用提示少、开放度大的活动卡，能力弱的用提示多、开放度小的活动卡，这就让每个孩子在探究环节都能找到适合自己探究的路径，不会出现有些同学在探究环节只能作为等待者、陪衬者，从而浪费课堂上宝贵的时间的情况。

4.3 教师的专业发展与变化

我们对参与项目实践的 5 位教师进行了个别访谈，访谈的问题主要有以下几个：（1）您觉得使用了活动导学单后给教学带来最大的变化是什么？（2）您觉得参与活动导学单项目实践给自身带来了哪些变化？（3）您觉得活动导学单对学生的帮助有哪些？（4）您觉得在使用活动导学单的过程中还存在着哪些值得改进的地方？我们将教师们的想法进行了汇总梳理，主要呈现以下几种观点。

4.3.1 改变了学习方式，关注了学生差异

大部分受访教师表示，利用活动导学单给教学带来的最大变化就是学习方式上的转变。其实教师们也希望能够在课堂上激发学生自主学习的热情，让不同的孩子

都找到合适的学习路径，从而提升每个孩子的综合素养，但一直苦于没有有效的媒介。活动导学单作为一种载体和媒介很好地促进了课堂上的学习方式转变，活动导学单的运用可以有效地将"教"和"学"两者有机结合起来，促成了学习方式的转变。教师们表示，在教学实践中运用活动导学单后，会更多地关注学生的学习方式，会更多地考虑学生的学习起点和学习能力，对于学生的学习路径的预设也能从单一走向多元。如果将活动导学单运用到"预学后教"的课堂中，可以先在课前为学生提供预习的平台；到了课堂上，再利用活动导学单有针对性地解决学生在预习中还没有解决的问题，从而使学生学得更加深刻。在课堂中利用活动导学单引导学生进行自主探究活动，活动往往会进行得比较顺畅，人人都会有事做，这充分发挥了学生的自主性。在实践的过程中，教师们发现自己慢慢地转变了观念，改进了教学方法，充实了教学内容，调整了教学策略，并开始引导学生改变单一的学习方式，确立现实的、有趣的、适合自己的学习方式，培养学生自主学习的能力，使学生真正成为学习的主人。

教师们还反馈说：运用活动导学单进行教学后，他们更加关注学生的个体差异，因为设计活动导学单的时候要考虑好用怎样的素材引导学生探究学习，用怎样的方式让学生有效地进行交流探讨，这时候就要考虑到学生的个体差异，考虑到不同层次学生的接受程度，考虑如何将学生的差异变成一种生成的教学资源。

4.3.2 提高了学习能力，鼓励了创新质疑

教师们在访谈中反馈，通过活动导学单的教学实践运用，他们发现自己任教班级的学生学习能力有了进一步的提升。一方面表现在学生对知识的理解程度上，相比以前以讲解传授为主的教学方式，运用活动导学单进行教学，学生对知识的理解更加深刻，而且很多学生都是经过自己的思考得出的结论，印象尤其深刻，知识的遗忘率明显下降。另一方面，通过活动导学单的运用，学生比以前更加会探究、会学习。以前探究一个问题往往会无从下手，现在学生经常利用活动导学单探究问题，这样就明白了开展探究活动可以从哪几个方面着手，可以先做什么，再做什么，积累了丰富的探究活动经验、提升了探究问题的水平。

教师们还发现，通过活动导学单的教学实践运用，学生的创新质疑能力得到了

进一步的提升。活动导学单都是安排学生先独立思考，然后再与同伴合作交流，在交流的过程中，学生不断地对照自己的思考去理解他人的想法，这中间需要经历比较、思辨、质疑、创新，所以经过一段时间的积累，学生的思考更加深入，审辩和创新的能力得到了进一步发展。

4.3.3 激发了学习兴趣，提升了学习体验

受访教师表示，在实践的过程中，学生的学习体验有了较明显的提升，特别是在课堂上运用活动导学单后，学生独立探究、合作交流的机会明显增加，有了大量的操作探究、展示想法、表达意见的途径，课堂中生生交互、师生交互的频率也显著增加。这些方面的改变都进一步提升了学生的学习体验，让更多的孩子真正参与到数学的学习过程中来，感受到了数学的友善，增加了对数学学习的亲近感。受访教师也表示，班里一些本来不太参与课堂的学生，由于有了活动导学单这样一个学习的载体和支撑，这些孩子也能尝试着进行一些探究和交流，一定程度地减轻了他们原先对数学的畏惧和排斥。

另一方面，在课堂中运用活动导学单进行教学可以进一步激发学生参与学习的兴趣。"兴趣是最好的教师"，而兴趣又来源于良好的体验。教师们发现，通过一段时间的尝试，课堂的学习氛围也会有一些变化，以前总觉得教师讲得多、学生参与少，课堂氛围有种莫名的沉闷。而运用了活动导学单后，学生的感觉就不太一样了，比较活跃、情绪良好，大部分的课堂是在比较愉悦的状态下进行的。教师明显感觉到学生对数学学习兴趣提高了，学习数学的态度也更加积极了。

4.3.4 改变了教学视角，促进了专业成长

在访谈的过程中，多位受访教师表示，在利用活动导学单进行课堂教学时，会不自觉地督促自己思考：这个需要探究的问题学生到底会怎么想？在解决的过程中学生之间会存在怎样的差异？不同的学生会碰到怎样的困难？应该给学生们提供怎样的比较合适的帮助？学生在互相交流探讨时会如何进行分享？他们会渐渐从以往把这个知识点给学生讲清楚，慢慢地转化为帮助学生通过自己探究和同伴分享把知识学明白，逐步建立起了比较科学的学生学习观和教学质量观。

通过实践，教师们也表示自身的专业水平有所提升，特别是对于教材的理解和课堂教学能力有了明显的进步。有的教师还提到，以前有点怕执教展示课，现在有了活动导学单作为媒介安排教学流程，展示课就变得容易了，再也不怕上展示课了。在活动导学单实践的一年时间内，参与项目实践的教师中有 2 人被评为了上城区教坛新秀，区级及以上获奖 12 人次。

第五章　结论与建议

5.1　结论

5.1.1 研究的创新点

现有的差异教学理论，已经总结了不少处理学习差异的策略和方法，比如改变学习内容的深度、调整学习内容的抽象度、改变问题的复杂度、改变举例的数目（增加或减少）、改变学习的方式（独立或合作）等等。落实到具体的数学学科教学中，可以进行学习目标差异化、实时分层教学、差异化作业等处理，并积累了一些有效的做法。但在一线教师的运用上，则需要更容易理解和操作的可供实践的方法。

本项研究结合数学学科特点，将差异教学与活动导学单有机结合，通过对日常使用的活动单进行改进和加工，赋予了其差异属性，有效地解决了小学数学课堂差异教学的可操作性和实施的简便性等问题。本研究通过实践进一步证实，以这样的方式实施差异教学，教师的接受度高，操作方便灵活，对提升每个孩子的数学学习体验与能力有一定的帮助。本研究让差异教学在小学数学课堂上大面积常态化实施成为可能，对一线教师进行差异教学实践有着积极意义。

5.1.2 研究成果概述

本项实践研究为在课堂中利用活动导学单促进学生差异化学习积累了经验，提炼了设计和使用的方法与策略，并进行了大量的案例实践。从学生整体和个体、教师等各个层面收集的数据及访谈反馈得出结论，这样的实践对增强学生的学习能力、提升学生的学习体验、提高学生的学习效果等方面都是有效的，对帮助教师更好地进行教学、提升业务能力也有一定的效果。这样的课堂组织方式可以供一线教师尝试操作应用。

本研究对活动导学单的分类进行了一定维度的梳理，从课堂使用环节和是否统一使用两个维度进行分类，并在实践过程中得出如下结论：在使用活动导学单进行课堂教学时，需要遵循"找准合适的使用节点、注入包容的差异元素、符合认知的呈现方式"设计与实施的策略；要把握"自学之后交流有需求""探究问题策略各不同""解决问题答案不唯一""个体已有经验有欠缺"这四个设计运用的教学节点，并在设计过程中充分关注学生的差异，通过"开放的问题""平行的任务""个性化指导""差异化练习"等策略在活动导学单中注入差异元素；在呈现方式上，要尊重学生的认知水平，遵守"语言精练易懂""活动步骤清晰""材料选择精当""记录方式合理"等基本要求；在课堂使用时，则要遵守"预估时间，展开充分""控制频次，使用有度""基'单'反馈，方式合理""依托小组，自评互评"等操作守则，并运用"嵌入式评价"对学生的活动进行及时、有效、自主的评价。

5.2　建议

5.2.1 教学实施建议

我们在实践研究的过程中进一步体会到了实施过程中需要注意以下几点。

一、关注教学使用的频次

依托活动导学单在小学数学课堂中实施差异教学要关注使用的频次。一方面是课节的频次。一般不要求每节课都使用活动导学单，可以根据教学的内容和类型有选择地使用，正常情况下一周可以使用一次，这样在一定程度上保证了提升学生差异化学习的体验和效果，同时也减轻了教师教学准备的工作量。另一个方面是一节课中活动导学单的使用频次。在同一节课中，根据课的特点及相应教学节点的需要，可以选择使用合适类型的导学单，但不建议使用太多，如果一节课都用导学单进行串联，则会显得过于按部就班。建议一节课中可以使用 1~2 张活动导学单，最多不超过 3 张。

二、凸显学生的主体地位

在运用活动导学单进行教学的过程中应该凸显学生的主体地位。虽然活动导学单已经在课前设计完成，但还是要根据学生的实际反应做出相应的调整和变化，要有一定的灵活性。在设计时也要考虑实际使用时可能发生的问题，站在学生立场预设使用中出现困难时的补救方案。

三、注意实施内容的选择

运用活动导学单进行教学要注意一定的选择性。小学数学学习的领域主要有"数与代数""空间与图形""统计与概率""实践与综合运用"，在每个领域中都有相当一部分内容是适合运用活动导学单进行教学的，需要教师根据不同的课型，具体的教学内容和教学目标，教师自身的特色，教学条件的限制，灵活地选择是否运用活动导学单进行教学。

5.2.2 进一步研究的问题

一、学生使用活动导学单的策略有哪些?

本项实践研究重点关注的是教师设计与使用活动导学单的策略与方法，但对于学生拿到了活动导学单后，如何有效使用的研究还没有涉及。不同的孩子对活动导学单表述的理解、操作的习惯、合作交流的方式是否相同? 这些因素会对活动导学单的实施效果产生怎样的影响? 是否有合适的可以指导学生使用活动导学单的策略? 如何让学生接受并运用这些策略? 关于这些问题，我们需要站在学生的立场上对活动导学单的实施进行再思考，需要通过学生的观察和记录来发现问题、寻找方法，从而让活动导学单为促进学生的差异化学习发挥更加精准的作用。

二、活动导学单在具体课例中的实施效果如何?

本项实践研究从学生整体学习体验和学习效果的变化、个别学生的观察记录、实施教师的反馈等方面来验证实施效果。在实践的过程中，对于具体课例的对比研究还没有涉及。后续可以选择某几节典型课，通过对使用活动导学单的差异化学习方式与常规学习方式进行对比，探究在某一节课中学习的效果和学习的体验方面有什么不同; 进一步研究哪类课型，或者是，具体到哪些课是适合使用活动导学单进行差异化学习的? 适合使用的原因是什么? 这些课有什么共同的特点? 从而在具体的课节与活动导学单的匹配度上进行更为深入的研究与实践，对一线的教学进行更为深入的指导。

第六章　运用数学活动导学单实施差异教学案例赏析

6.1　新授课中活动导学单运用案例

新授课是小学数学教学实践中最常见的课型，占据了大部分的教学课时。新授课的学习质量对于学生理解概念、掌握知识、学会方法起到了至关重要的作用。使用活动导学单在新授课中进行教学，可以充分尊重学生原有的差异，让每个孩子在课堂上进行适性的学习成为可能。

在这一小节，我们选择了 5 节运用活动导学单进行教学的课例，包含"数与代数""图形与几何""统计与概率"等各个内容领域，也有"自学反馈型""探究知识型""练习巩固型"等不同类型的导学单的实践运用，供交流与探讨。

课例 1　《分数的意义》

课前思考：

"分数的意义"是人教版《数学》五年级下册第四单元第一课内容，与分数的基本性质构成了整个单元教学内容的主干和重点。这部分内容是学生已经学习了平均分、分数的初步认识等相关知识后，使其对分数的感性认识上升到较理性的认识。教材引导学生抽象出单位"1"的概念，概括出分数的意义，认识分数单位，比较完整地从分数产生的现实意义等方面加深学生对分数意义的理解。它是学生系统学习分数的开始，学好这部分内容是顺利构建真分数、假分数等概念，以及学习分数的基本性质、分数的四则混合运算、分数应用题等内容的必要基础。

之前学习了"分数初步认识"，由于学生之间存在理解水平差异、知识遗忘率也不同，导致学生对分数意义的学习起点不同。那么如何利用这些差异为理解分数意义服务，让差异成为推进课堂教学的手段和资源？暴露差异的方式需要教师提前设计和谋划，差异出现后的处理需要教师因势利导、指向目标，活动导学单的使用有利于课堂上差异的有效呈现和辨析，让生生交互和师生交互更加顺畅且有意义，为教学目标的达成提供保障，为学生的素养提升提供助力。

教学目标：

1.学生在原有对分数初步认识的基础上，利用活动导学单，进一步理解单位"1"的含义，理解分数、分母、分子、分数单位的意义。

2.能用分数准确表示图示的意义，结合"找分数"的活动，比较熟练地运用分数。

3.经过单位"1"的举例和概括，感受数学的相对性以及数学与生活的联系。

教学过程：

一、课前谈话，反馈前测

前测任务：用自己喜欢的方式表示出 $\frac{1}{4}$。

收集部分学生的作品进行展示，请学生快速判断是否合理。

提问：大家表达的方式都不太一样，那为什么都能表示出 $\frac{1}{4}$？

学生：都是把一样东西或图形平均分成了 4 份，取了其中的 1 份。

二、找 $\frac{3}{4}$，理解单位"1"

1.用语言表达 $\frac{3}{4}$。

教师出示分数 $\frac{3}{4}$：你认识它吗？说一说 $\frac{3}{4}$ 表示什么意思呢？

学生用自己的语言说 $\frac{3}{4}$ 的含义。

生：把一个月饼平均分成 4 份，取其中的 3 份。

生：把一个正方形平均分成 4 份，取其中的 3 份。

生：……

教师将学生的一些表述记录在黑板上。

2. 在图形中找 $\frac{3}{4}$。

教师出示一个圆纸片，让同学们想一想：你能表示出 $\frac{3}{4}$ 吗？

请学生上来折一折、画一画，请其他学生判断表示是否合理，为什么这样表示的就是 $\frac{3}{4}$。

生：把一个圆平均分成了 4 份，其中的 3 份就是 $\frac{3}{4}$。

教师出示 4 个圆：如果把这 4 个圆看成一个整体，你能找到它的 $\frac{3}{4}$ 吗？

生：其中的 3 个圆就是 $\frac{3}{4}$。

师：为什么这样就表示 $\frac{3}{4}$ 了呢？

生：把 4 个圆看成一个整体，平均分成了 4 份，每份 1 个圆，其中的 3 份就是 $\frac{3}{4}$。

教师出示 8 个圆：这还能表示出 $\frac{3}{4}$ 吗？为什么可以这样表示呢？

生：其中的 6 个圆就是 $\frac{3}{4}$，把 8 个圆看成一个整体，平均分成 4 份，其中的 3 份就是 $\frac{3}{4}$。

课件出示（见图 6-1），大家找到了这么多个 $\frac{3}{4}$，它们有什么相同或者不同的地方？

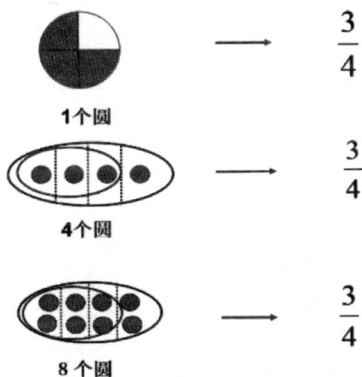

图 6-1

生：相同的地方是都把一个整体平均分成了 4 份，取其中的 3 份。

生：不同的地方是整体不同，有 1 个圆，4 个圆或者是 8 个圆。所以每份的多少也是不同的。

师：嗯，说得很好，无论是刚才的 1 个月饼、1 个正方形、1 个圆，或是几个圆，我们都把它们看成了一个整体，这个整体在数学中就叫作单位"1"。

3. 口答判断

通过课件出示（见图 6-2），学生进行口答，并说出每幅图中单位"1"是什么。

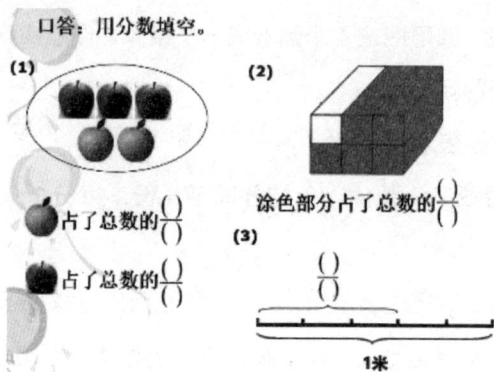

图 6-2

[设计意图] 通过找、说 "$\frac{3}{4}$" 的过程，让学生感受并理解单位"1"可以是一个物体、一个图形，也可以是多个图形、多个物体所组成的一个整体。在寻找同与不同的过程中，试图让学生初步体会分数的含义，只要单位"1"平均分的份数相同，表示的份数相同，那得到的分数也相同；分数是一种部分和整体之间的关系。

三、找分数，理解分数意义

1. 在 8 个圆中找分数

师：刚才在 8 个圆中找到了 $\frac{3}{4}$，现在仍旧把 8 个圆看作单位"1"，还能找出其他分数吗？出示活动导学单。

活动导学单

活动要求：

1. 独立思考，先分一分、圈一圈，然后写出你找到的分数。（能找几个就找几个。）

2. 小组交流。

a. 互相校对，找到的分数是否正确。

b. 互相补充，组内一共找到了哪些分数，记录在组长的导学单上，图不够可以直接写分数。

c. 讨论思考，通过对这些分数的观察，你们有什么新的发现？

3. 准备汇报。

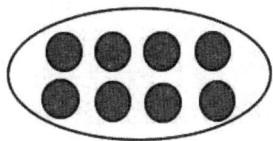

$\frac{(\quad)}{(\quad)}$ $\frac{(\quad)}{(\quad)}$ $\frac{(\quad)}{(\quad)}$

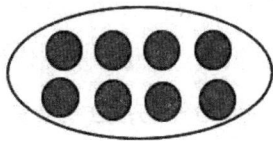

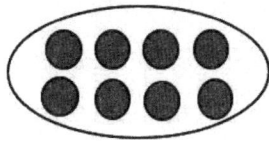

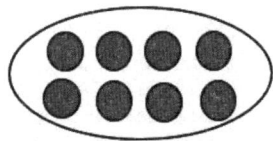

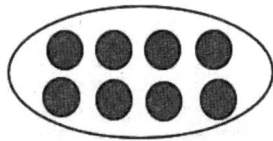

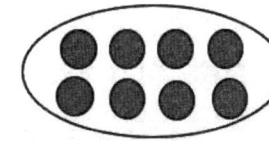

$\frac{(\quad)}{(\quad)}$ $\frac{(\quad)}{(\quad)}$ $\frac{(\quad)}{(\quad)}$

活动后学生展示活动导学单并汇报。

生：我们组找到了 $\frac{1}{4}$，$\frac{2}{4}$，$\frac{3}{4}$，$\frac{1}{8}$，$\frac{2}{8}$，$\frac{3}{8}$，$\frac{4}{8}$，$\frac{5}{8}$，$\frac{6}{8}$，$\frac{7}{8}$ 这些分数。

生：我们组有补充，还找到了 $\frac{1}{2}$，$\frac{2}{2}$，$\frac{4}{4}$，$\frac{8}{8}$ 这些分数。

师：像 $\frac{2}{2}$，$\frac{4}{4}$，$\frac{8}{8}$ 这些分数可以吗？是什么意思呢？

生：可以的，像 $\frac{4}{4}$ 就是把单位"1"平均分成 4 份，取了 4 份。就是全部取了，等于 1。

生：我们还有补充，我们又找到了 $\frac{1}{16}$，$\frac{2}{16}$，$\frac{3}{16}$，$\frac{4}{16}$，$\frac{5}{16}$，这样的分母是 16 的分数，一共有 16 个。只要把每个圆再平均分成 2 份就可以了。

生：这个我们倒没有想到，如果这样的话，还可以找分母是 32，64 这样的分数，这样应该是找不完的。

师：大家都很能干，找到了这么多的分数，那么你们在交流的时候有什么新的发现吗？

生：我们发现像$\frac{1}{2}$，$\frac{2}{4}$，$\frac{4}{8}$这样的分数，其实圈的个数是一样的，都是圈了4个圆，只是平均分的份数和取的份数不一样，但它们应该是相等的。

生：我们组发现了如果要找一个分母是8的分数，那就得把单位"1"平均分成8份；如果要找一个分母是4的分数，那么就要把单位"1"平均分成4份。分母跟平均分的份数有关。（教师板书：分母→平均分的份数）

生：我们组有个补充，是关于分子的，分子就是取的份数，取了几份，分子就是几。（教师板书：分子→取的份数）

2. 找身边的分数

请学生找一找身边的分数，并说一说是怎么想的？（学生汇报过程略）

教师请一位同学起立：能不能以这位同学为例子，找一找分数？并要说清楚把什么看成了单位"1"。

生：我找到了$\frac{1}{2}$，把他和他同桌两个人看成单位"1"，平均分成了2份，他是其中1份。

生：还有$\frac{1}{6}$，可以把他们小组6个人看成单位"1"。

生：我找到了$\frac{1}{38}$，我把全班人数看成了单位"1"。

生：还可以是$\frac{1}{20}$，把我们班全部男生看成单位"1"，他就占了$\frac{1}{20}$。

师：刚才找的那些分数，什么在变？什么没有变？为什么？

生：分母在变，因为单位"1"在变化；分子不变，因为就是1个人，取的份数不变。

［设计意图］利用活动导学单组织"把8个圆看成单位'1'找不同的分数"的学习活动，充分利用了学生之间的差异，并将这些差异以导学单为载体进行呈现，在相互补充、启发、思辨的过程中，了解分母和分子的含义，单位"1"平均分的份数就是分母，表示的分数就是分子，并利用实际例子感受什么是等值分数，为分数的基本性质做铺垫。随后让学生自己找身边的分数环节，学生又一次在自己的表

述中理解了分数的意义，在比较几个分数变与不变的过程中，进一步理解分母和分子表示的意义。

四、填分数，完善意义理解

出示练习（见图6-3），并请同学独立完成在练习纸上。

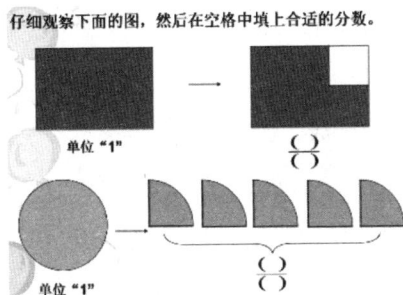

仔细观察下面的图，然后在空格中填上合适的分数。

图 6-3

学生独立思考后进行反馈。

先请填出第1题的同学说想法。

生：我填的是 $\frac{5}{6}$。

师：是怎么想到 $\frac{5}{6}$ 的呢？说一说理由。

生：就是这个长方形是单位"1"，按照空白的部分去分，可以平均分成6份，而涂色部分占了5份，所以是 $\frac{5}{6}$。

教师通过课件展示平均分以及比较的过程（见图6-4）。

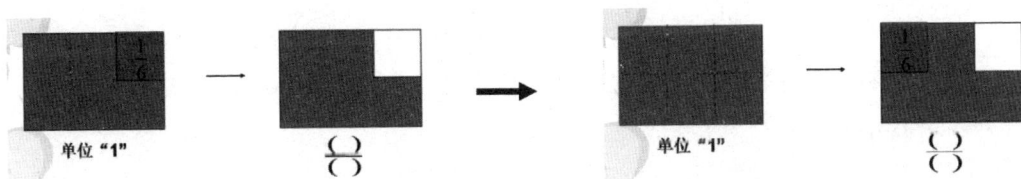

图 6-4

师：看来这个一份很厉害，在数学中称它为分数单位，$\frac{5}{6}$ 的分数单位是什么？

生：$\frac{1}{6}$。

生：空白部分就是一个分数单位，就是$\frac{1}{6}$。

反馈第 2 题的想法。

生：我知道是把单位"1"平均分成了 4 份，1 份就是$\frac{1}{4}$，就是分数单位，但是右边表示的是什么分数我不清楚。

生：我们就把分数单位一个一个加上去，就像数数一样。这里有 5 个$\frac{1}{4}$，那么这个分数就是$\frac{5}{4}$。

师：大家可以一起来数一数，1 个$\frac{1}{4}$是……

师：那么大家看看，$\frac{5}{6}$和$\frac{5}{4}$这两个分数表示的什么意思呢？

生：$\frac{5}{6}$就是把单位"1"平均分成 6 份，取了其中的 5 份。

生：$\frac{5}{4}$就是把单位"1"平均分成 4 份，取了其中的 5 份。

生：不行，4 份里面不能取出 5 份。

师：那怎样表达比较好呢？

生：$\frac{5}{4}$就是把单位"1"平均分成 4 份，有这样的 5 份。

师：嗯，很棒，一般我们说：表示这样的 5 份。我们今天讨论了这么多分数，谁能来说一说分数到底表示什么意思呢？

生：就是把单位"1"平均分成几份，取其中，哦，不对，是表示这样的几份。

师：很好，确实，把单位"1"平均分成若干份，表示这样 1 份或几份的数就叫作分数。这里的一份就是分数单位。

[设计意图]通过两个填分数的练习，让学生感受到分数单位所具有的度量意义，理解分数是由若干个分数单位构成的。通过了解分数单位的累加，帮助学生尝试初步理解假分数，并通过说假分数表示的意义，让学生切切实实地感受到用"取其中的几份"这样表述的不科学性，从而更加完善学生对于分数意义的认知。

课后反思：

如何基于学生的原有认知，利用学生的差异变为学习的资源，从而在良性的交流互动中，真正建立对分数意义的理解是本节课重点思考的问题。课中在以下几个方面进行了尝试：

1. 利用多变的素材整体理解单位"1"

如何由之前的分数初步认识时将单个物体作为一个整体，过渡到将多个物体作为一个整体。需要创设恰当的情境让学生来感受与理解。课中从"自由举例说一说$\frac{3}{4}$"，再到"从一个圆、4 个圆、8 个圆中找$\frac{3}{4}$"，以$\frac{3}{4}$为突破口，让学生找这些$\frac{3}{4}$的相同与不同，从而感受到可以将一个物体也可以将多个物体看作一个整体，这个整体就是单位"1"。随后马上出示将"5 个水果""6 个长方体""1 米长的线段"作为单位"1"的填分数练习。学生在解释单位"1"的过程中，对单位"1"建立了比较完整的认识。

2. 用学生的差异素材理解分子与分母

学习"分数的意义"很重要的一点就是理解分母和分子所表示的含义。课中安排了把 8 个圆看成单位"1"的探究活动，并利用活动导学单引导学生独立探究、差异分享、交流讨论，巧妙地将学生的差异转化为学习讨论的素材，在生生交互、师生交互的过程中理解平均分的份数就是分母，表示的份数就是分子。因为寻找分数的环节比较开放，学生通过互相交流和富有差异的思考，很自然地渗透了"分数的基本性质""分数的大小关系"等知识，为后续学习做了铺垫。

3. 利用分数单位的度量属性加深意义理解

在学习"分数的意义"时，很多学生会认为分数必须是把单位"1"平均分成若干份后，从中取出几份。教师一般常用的策略是介入引导：告知学生不要说"取其中几份"，而要说成"表示这样的几份"。但是，学生在课上讨论的分数、举的实例都是从整体中取出部分，所以他们不理解为什么不能说"取其中"。本课通过利用分数单位的度量属性，引导学生感知，在分数单位累加的过程中，自然而然地产生了假分数。通过说一说假分数表示的意义，学生就感受到"取其中"的表述是有局限性的，很自然地接受了"表示这样"的说法，从而进一步完善了对分数意义的认知。

课例2 《平均数》

课前思考：

"平均数"是人教版《数学》四年级下册第八单元学习的内容。平均数是统计内容中的一个重要概念，在学生已经了解了简单的数据整理方法和简单的统计图表的基础上进行学习，为以后学习较复杂的平均数应用题打下基础。小学数学里所讲的平均数是指算术平均数，也就是一组数据的和除以这组数据的个数所得的商。在统计中，算术平均数常用于表示统计对象的一般水平，它可以反映出一组数据的一般情况，也可以用它来进行不同组数据的比较，以看出组与组之间的差别。从教材编写的角度来看，"平均数"对于学生来说是一个新的概念，但在此之前学生已经积累了大量有关平均数问题的知识经验和生活经验。

平均数的计算方法对于学生来说是比较简单的，但他们对于平均数意义的理解以及平均数的作用可能了解得还不够深刻。所以我们在教学设计中重点考虑了为什么需要使用平均数、平均数能帮助我们做什么、平均数的意义到底如何理解、如何理解移多补少的数学思想等问题，并通过创设学生经历过的现实情景，利用活动导学单将学生之间的理解差异予以呈现和辨析，帮助他们在解决实际问题的过程中体会方法、理解意义。

教学目标

1. 初步理解平均数，会用求平均数的一般方法来计算平均数。

2. 初步理解移多补少、估算等数学思考方法，能选择灵活的方法解决平均数问题。

3. 能从生活情境中获取数学信息，解决实际问题，增强应用数学的意识；在学习活动中体会到环境保护的重要性，获得较真切的情感体验。

教学过程：

一、创设情境，课前热身

1. 欣赏杭州美丽的风景图片。

2. 播放杭州个别地方环境脏、乱、差的照片。

3. 请学生说说看了图片之后的感受。

为了保护我们杭州美丽的环境，尽每位少先队员应尽之力，天长小学大队部组织学生积极走上街头，为创建最清洁的城区做贡献。（出示活动照片，见图6-5。）

图6-5 学生参加环保实践活动

[设计意图]通过杭州优美风景照片和环境脏、乱、差照片的对比，学生感受到保护环境的重要性；介绍了学校进行保护环境的活动，一方面增强学生保护环境的意识，另一方面为在实际情景中引出平均数做铺垫。

二、解决问题，探求新知

1.感受平均数产生的必要性

老师所在的班级两个假日小队收集废饮料瓶的情况如下：

小星星假日小队收集废饮料瓶数量统计表

姓名	乐乐	奇奇	聪聪	壮壮
数量／个	9	11	6	14

阳光假日小队收集废饮料瓶数量统计表

姓名	文文	兰兰	丁丁	方方	明明
数量／个	11	9	13	12	10

师：这两个小队要评出一个优胜小队，该怎么评呢？

生：可以算一下总共有多少个？

生：不能算总数，因为每个小队的人数是不一样的，算总数不公平。

师：同意吗？小星星假日小队里有个壮壮，他收集得最多，我们能不能就因此评小星星假日小队为优胜。

生：不行，小队里又不是只有壮壮一个人，还要考虑其他人的情况。

师：那怎么办呢？

生：可以考虑这个小队的平均水平。因为人数不一样，所以用平均数来表示比较好。

[设计意图]通过讨论评比优胜小队的过程，学生感受到当两组数据的个数不一致时，不能以数据总和来代表这组数据的整体水平，也不能仅看其中一个数据，而可以用平均数来表示这组数据的平均水平，从而可以进行相应的比较。在这个环节，学生初步感受到平均数的作用和意义，激出了进一步探究平均数的兴趣。

2. 探究求平均数的方法。

师：刚才有同学说要计算平均数，你们知道什么是平均数吗？这里用平均数可以吗？

生：知道，我们有时候用到的平均分就是指平均数，就是假设大家分数一样的时候是多少。

生：这里可以用平均数来看出每个组的水平，就相当于总数平均分给每个人，每人一样多的时候是多少，这就代表了这个小队的平均水平。

师：好的，下面我们就一起来算一算。活动单上已经把两组数据的条形统计图也画出来了，可能会帮助你思考。（出示活动导学单）

活动导学单

活动要求：

1. 先独立思考"如何得到两个小队的平均数"，并记录下你思考的过程。

2. 小组交流方法，如果组内有不同的方法，可以想一想不同的方法之间有没有什么相同的地方？如果组内只有一种方法，思考有没有其他方法？

3. 准备汇报。

小星星假日小队收集废饮料瓶数量统计表

姓名	乐乐	奇奇	聪聪	壮壮
数量 / 个	9	11	6	14

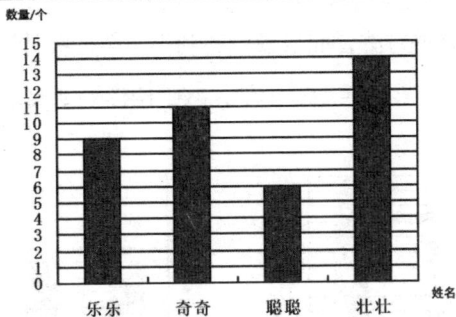

阳光假日小队收集废饮料瓶数量统计表

姓名	文文	兰兰	丁丁	方方	明明
数量 / 个	11	9	13	12	10

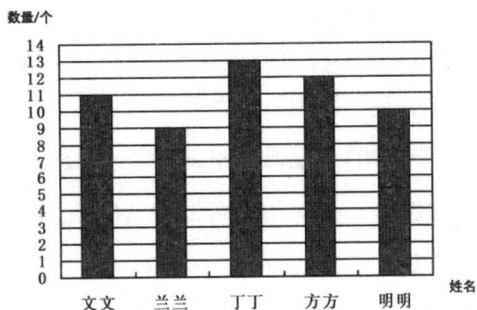

你的方法：_____

_____

_____

学生交流反馈。

生：我们组只有一种方法：小星星假日小队：（9+11+6+14）÷4=10（个）；阳光假日小队：（11+9+13+12+10）÷5=11（个），11＞10，所以阳光假日小队优胜。

生：我们组还有不同的方法补充。小星星假日小队：可以把11里面的1给9，那两个数都变成 10，把 14 里面的 4 给 6，那两个数也都变成 10，这样平均数就是 10 了。阳光假日小队：把 13 里面的 2 给 9，把 12 里面的 1 给 10，这样大家都变成了 11 了，平均数就是 11。所以阳光假日小队胜。

生：我们组也用这种方法，而且我们还利用了条形统计图来说明这种方法是成立的。（学生在投影仪上展示活动导学单，教师课件辅助演示，如图 6-6。）

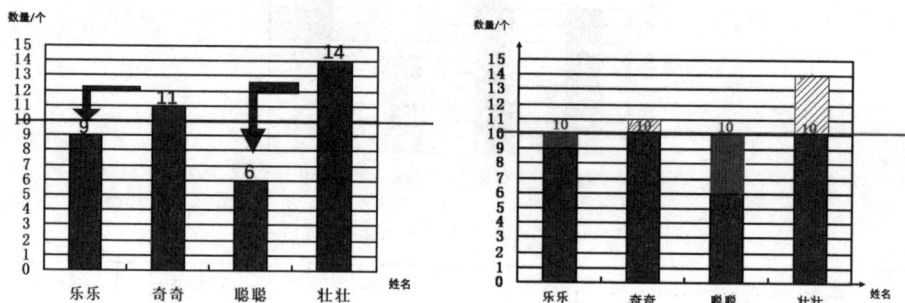

图 6-6　小星星假日小队收集废可乐瓶数量统计图

师：非常棒，现在我们有了两种方法，你们能给这两种方法分别取个名字吗？

生：一种叫计算法，另一种叫平均法。

师：很有道理，第一种计算法我们是运用了"总数量 ÷ 总份数 = 平均数"来计算的，第二种方法在数学上称为"移多补少"法。（教师边说边进行板书。）

生：嗯，这个名字好，一看就懂，就是把多的移点给少的，大家变成一样多。

师：那么我们求出的平均数，比如小星星假日小队的 10 个，表示什么意思呢？

生：表示了这个小队的平均水平，就是假设大家一样多的时候是 10 个。

师：还有两个小队也参与了这次活动，你们能帮助他们判断一下平均数吗？

（课件出示，见图 6-7，学生独立完成在练习纸上。）

先估计下面每个假日小队的平均数，画一画平均数的位置，然后计算验证。

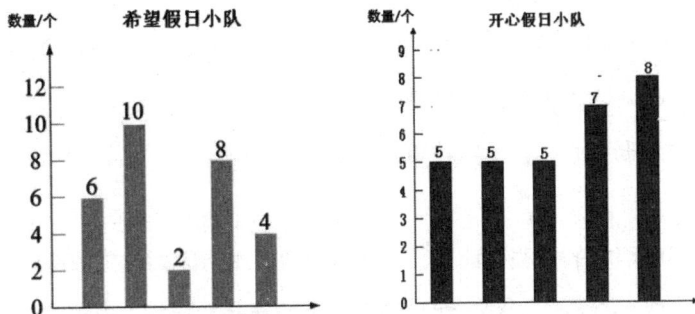

图6-7 希望假日小队和开心假日小队收集废可乐瓶数量统计图

学生完成后反馈：平均数线为什么在这样的位置，能不能太低？能不能太高？为什么？

学生体会到平均数的位置不能比最大的数据高，也不能比最小的数据低，要在这两个数据之间。

第二幅图还有什么好的计算方法吗？教师在"5"的位置上画一条线引发学生思考。

引出用基准数计算的方法：5+（2+3）÷5=6

[设计意图]利用活动导学单很好地照顾到了学生之间的差异，求平均数的不同方法有了呈现的载体。一种是用总数量÷总份数＝平均数；另一种是移多补少。在交流讨论的过程中，学生感受到两种方法的异同，在思辨的过程中进一步理解了平均数的意义。通过估计平均数的位置，感受平均数的取值范围，并初步感知了用基准数求平均数的方法。

3.学习取基准数计算平均数

师：在环保活动中，六年级的孩子在西湖边向游客发放环保宣传卡，发放的情况如下表，请帮学校进行统计，平均每班发放多少张。（出示统计表）

六年级发放保护环境宣传卡情况统计表

班级	一	二	三	四	五
数量／张	122	128	131	120	129

完成后，请几位学生汇报结果。

师：老师发现刚才有几位同学还没有完成，另外分享结果的几位同学有的答案也不一样，你们觉得为什么会这样呢？

生：因为数据变大了，所以计算就变复杂了。有的同学是做得慢，有的同学是计算出错了。

生：如果能用好的方法来计算，可能就会快一些。因为这些数都比 120 大一点或者相等，我把 120 看成标准，然后把多出来的部分加起来，再平均分给 5 个班，这样就比较方便了。

师：谁听懂了他的方法？能来说一说算式可以怎么列吗？

生：120+（2+8+11+9）÷5=120+30÷5=120+6=126（张）

师：为什么后面一步是四个数的和要除以 5 呢？

生：因为多出来的要平均分给 5 个班，所以要除以 5。

师：如果我们结合这幅图来理解可能会更加方便。（课件出示图 6-8）

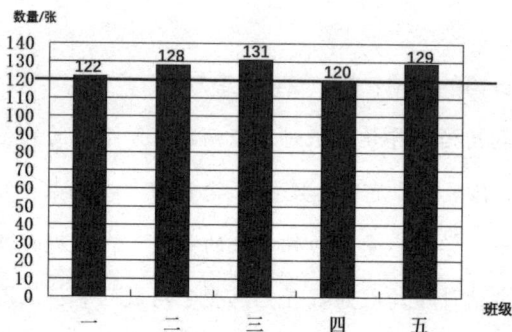

图 6-8　六年级发放创建文明城市宣传卡情况统计图

［设计意图］通过解决实际问题来感悟数学，当数据比较大且集中在某一区域时，可以利用基准数的方法来计算平均数。学生在比较和思辨的过程中，感受到基准数方法的简洁和高效，从而进一步理解平均数的意义。

三、联系实际，拓展应用

1. 说感受，选算式

课件出示图片（图6-9），在严重缺水地区平均每人每日用水量仅约为3千克，请学生说一说看完后的感受。

图6-9 严重缺水地区干旱的土地

再来看看小刚家一家三口的用水情况（出示统计表）：

小刚家各季度用水情况统计表

季度	一	二	三	四
用水量／吨	76	68	108	72

师：如果要分析小刚家的平均每月的用水量，下面哪个算式是可以的？（出示算式）

有3个算式，你会选择哪一个？

（1）（76+68+108+72）÷4

（2）（76+68+108+73）÷12

（3）（76+68+108+72）÷365

生：我觉得应该选（2）这个算式，因为求的是平均每月的用水量，一年有12个月，所以应该除以12。

师：四个数加起来求平均数不应该除以4吗？

生：不一定都是这样的，要看具体情况。这里已知的是每个季度的用水量，求的是每个月的平均用水量，一个季度有3个月，所以一共12个月，所以总水量要除以12。

师：那么另外两个算式求的是什么？你们知道吗？

生：除以 4 求的是平均每个季度的用水量。

生：除以 365 一看就是每天平均的用水量，因为一年是 365 天，而且是个平年。

师：看来不是几个数相加就是除以几，要具体情况具体分析。如果每个算式的结果都告知我们，你有什么想说的？（出示结果）

（1）（76+68+108+72）÷4=81（吨）

（2）（76+68+108+72）÷12=27（吨）

（3）（76+68+108+72）÷365 ≈ 0.9（吨）

生：感觉小刚家用的水还是比较多的，要节约用水。

生：小刚家平均每天用水 0.9 吨，他们有 3 个人，每人平均用水 0.3 吨，就是 300 千克；而缺水的地区每人每天用水量只有 3 千克。哇，竟然相差 100 倍，这也太夸张了，我们应该好好节约用水，把水省下来给缺水的地区用。

师：确实，节约用水人人有责，我们每个人都要有这样的意识。

2.读信息，明意义

师：关于环保活动，下面还有两条信息，我们一起来看一看。（课件呈现）

（1）经全校统计，在发放环保宣传卡活动的过程中，平均每个班发放 125 张，五（3）班发放了 131 张，他们要求大队部发一张"宣传卡发放数量第一名"的奖状。

（2）为了环境保护，有一条河道要进行清淤，这条河道平均水深 150cm，工作人员身高 170cm，他准备不利用船只，直接下水进行操作。

师：看完后，你可以任选一条来说一说你的想法。

生：我选第一条，我觉得五（3）班的要求不合理，虽然他们班发放的张数比平均数要高，说明他们班做得比平均水平要好，但是他们班是不是第一名，这个是不确定的。因为其他班级发放的数量我们又不知道，万一有另外的班比他们班发得多，那他们班就不是第一名了。

师：另外的班发得比 131 张还要多，有可能吗？

生齐：有可能的。

师：确实，平均数只是告诉了我们平均水平，但是最大或最小的数据是多少我们是不知道的。那另一条信息，你有什么想说的吗？

生：我觉得这个工作人员蛮危险的，安全起见还是要用船。

生：这条河道平均水深是 150cm，就是有的地方比 150cm 浅，有的地方比 150cm 深，虽然工作人员身高有 170cm，比 150cm 高一些，但保不准有的地方会特别深，可能比 170cm 还要深，所以还是有危险的。

师：看来大家对平均水深有了比较准确的理解。

［设计意图］通过对平均用水量的讨论，学生感受到"总数量÷总份数"中的总份数需要根据实际情况进行辨析判断，不能简单地认为几个数相加，总份数就是几。适时引导学生关注严重缺水地区的人均用水量，经过对比后让学生感受到节约用水的重要性，树立环保意识。通过讨论两段信息，结合实际，帮助学生完善对平均数的认知、进一步理解意义。

课后反思：

平均数是一个统计量，是因生活实际的需要而产生的。如何利用学生熟悉的实际情景，让他们在解决实际问题的过程中感受到平均数的价值和作用？如何在学会平均数的计算方法的同时，促使学生理解平均数的意义以及移多补少的思想？这是本课着力解决的两个问题。

1. 实际情景贯穿始终，渗透应用意识

本课以现实发生的环保活动串联整节课的教学，既能激发学生探究的兴趣，又富有现实应用的价值。以两个环保小队收集废塑料瓶的比较引出平均数，感受到当两组数据个数不一致时，用平均数来代表每组数据的平均水平，再进行比较是较为合理的。利用求平均用水量的实际情景，让学生感受到"总数量÷总份数"中的总份数要根据实际要求进行灵活判断，增强了他们的实际运用能力。最后的"发放宣传卡班级平均数量"以及"河道平均水深"这两组信息的辨析，一方面可以让学生感受到生活中处处都有平均数，另一方面帮助他们通过审辩信息进一步理解平均数的意义。通过大量的实际情景，使学生在刚开始学习平均数时就能感受到平均数与生活之间的紧密联系，体会到数学来源于生活又运用于生活。

2.差异呈现多种方法，凸显灵活运用

利用活动导学单将学生探究平均数的方法进行差异化呈现，在交流的过程中感受到"总数量 ÷ 总份数"是计算平均数的基本方法，而"移多补少"的方法也能较方便得出平均数，这两种方法共通的地方就是假设每个数都变成一样多。在计算较复杂数据的平均数时，通过差异比较，使学生感知到取基准数的方法可以简洁高效地解决求平均数的问题。这些差异方法的呈现和辨析的过程可以帮助学生进一步理解平均数的意义，并且能够根据不同的数据特征灵活运用方法，高效地得出平均数。

3.多种途径理解意义，强化深度思考

本节课中有诸多环节都充分暴露了学生原有的思维，从而深入探讨了平均数的意义。在引入环节，学生充分展示了比总数、比个别等思考方式，通过排除、聚焦、说理，最后感受平均数具有表示一组数据平均水平的功能。在感受平均数线位置时，学生进行了充分讨论，感受到平均数比最大的数据要小，比最小的数据要大。在求平均用水量的环节中，通过对多个算式的辨析，学生也感知到了总数量一定时总份数不同所表示的平均数意义也不同。在最后辨析信息的环节中，学生进行充分审辩，感受到平均数只是一个统计量，而实际的数据可能比平均数大，也可能比平均数小，从而进一步理解平均数的意义。

课例3 《复式条形统计图》

课前思考:

"复式条形统计图"是人教版《数学》四年级下册第八单元中的内容。在学习本课之前，学生已经学习过了单式及复式统计表、单式条形统计图等相关内容，已经积累了一定的有关统计的活动经验，这些都是本课学习的基础。在设计这节课的过程中，重点思考了以下几个问题:

1.如何让学生感受复式条形统计图产生的必要性？

学生在之前的学习中已经学习了单式条形统计图，如何让学生感受到随着统计的情境变化，单式条形统计图已经满足不了表达的需求，需要在单式的基础上创造出一种可以同时表示几类量的条形统计图，这需要教师创设合适的情境。

2.如何让学生体会复式条形统计图表达的合理性？

绘制复式条形统计图有着约定俗成的规则，但规则的背后却体现着数学的严谨、简洁。教学中需要给予学生自己尝试绘制复习条形统计图的机会，利用活动导学单来呈现学生不同的思考，并且利用这些不同的方法来进行思辨完善，从而让学生感受到规则的合理性，进而对复习条形统计图建立更深刻的理解。

3.如何让学生增强统计的观念？

复式条形统计图作为一种表达统计数据的工具，跟统计活动密不可分，学生在学习时应以实际的统计活动为载体，在收集数据、制图、读图的过程中学会分析、判断、推测，有意识地从统计的角度思考问题、解决问题。在练习环节，教师可以利用活动导学单呈现不同情境背景下的复式条形统计图，通过个体分析、小组分享、全班汇报等手段，让学生在单位时间内经历多次读图分析，从而进一步发展学生的统计观念。

教学目标：

1.经历复式条形统计图制作的过程，初步掌握复式条形统计图的制作方法，了解复式统计图的特点与用途，感知复式统计图与单式统计图的区别。

2.能从复式条形统计图中提取信息、收集数据，并作出一些简单的分析与判断。

3.感知统计知识与实际生活的紧密联系，发展统计观念、提高应用意识。

教学过程：

一、激趣引入，产生需要

师：同学们，平时我们数学课会看动画片吗？

生齐：不会。

师：今天我们破个例，大家一起看几段动画片。

生齐（瞪大眼睛，一副不敢相信的样子）：好！

教师播放动画片剪辑。

师：刚才我们看到了哪几部动画片？

生：有《加菲猫》、《猫和老鼠》、《超人总动员》和《海底总动员》。

师：如果在"班级观影日"中想播放其中一部，那该播放哪一部呢？有什么好办法呢？

生：做个统计就可以了，看看哪一部喜欢的人最多。

师：那可能男生和女生喜欢的还不一样，怎么办呢？

生：那就男生和女生分开统计好了。

师：那谁愿意来帮我们组织统计一下。

一生上来组织统计：

男生喜欢《加菲猫》的举手？喜欢《猫和老鼠》的？《超人总动员》？《海底总动员》？再用同样的方法统计女生喜欢各部动画片的情况。

教师根据学生得到的数据，在电脑中输入数据后生成统计图。（见图6-10）

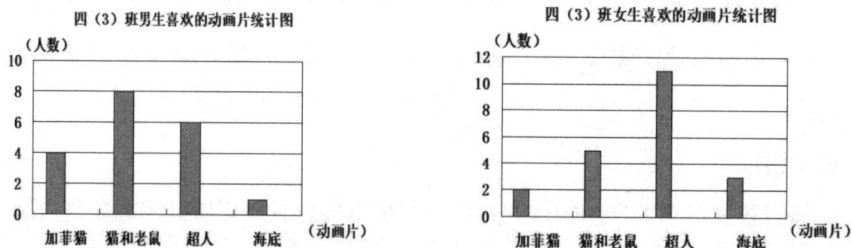

图 6-10 四（3）班男女生喜欢的动画片统计图

师：观察这两张统计图，你能从中得到什么信息？

生：在男生中喜欢《猫和老鼠》的人最多，喜欢《海底总动员》的最少。

生：女生最喜欢《超人总动员》。

生：男生喜欢《超人总动员》的比喜欢《加菲猫》的多2人。

生：女生喜欢《猫和老鼠》和《加菲猫》的一共有7人。

师：你们是在男生或者女生中进行比较分析，为什么不在男生和女生之间进行比较呢？

生：两幅图是分开的，看起来不方便。

师：嗯，那能不能想个办法把两张图移成一张图呢？

［设计意图］通过在"班级观影日"中播放哪一部动画片的情景，产生了统计

的需要；通过实时播放动画片片段和现场统计，感受了统计的过程；男女生分开统计数据并形成了两张统计图，为了方便进行男女生情况的比较，产生了将两张图变成一张图的需要。整个过程基于学生熟悉的场景，在统计分析的过程中产生了进一步探究如何制作复式条形统计图的需求，基于学生的最近发展区让探究真正发生。

二、辨析方法，理解规则

师：请大家看活动导学单，明白活动要求后开始活动。

活动导学单

活动要求：

1. 先填写活动单上的统计表，独立思考如何将两张统计图变成一张。

2. 制图要求：

a. 能清楚看出男女生的情况。

b. 要方便进行比较。

3. 完成后在四人小组内进行交流，肯定可取之处，提出改进意见。

四（3）班同学喜欢的动画片调查表

动画片名称	加菲猫	猫和老鼠	超人总动员	海底总动员
男生人数				
女生人数				

四（3）班同学喜欢的动画片统计图

年 月

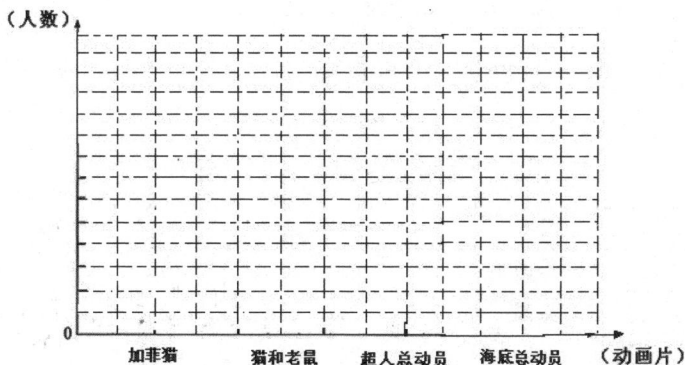

活动后进行反馈（学生将组内的画法通过投影展示并进行解释）：

生：我们组有人用一个条形表示出男女生总数的方法，这样的方法我们觉得不行，因为看不清楚男生女生分别的情况；还有一种是男生和女生一左一右分开画，在每个条形上都标出男和女，我们认为这样是能看清楚的。

生：你们组的第二种方法每个都要去标比较麻烦，可以用不同的颜色和条纹来表示男和女。

生：用不同的颜色和条纹来表示男和女，应该在边上写清楚怎么表示的，这样才能让大家看得明白。

生：我们组还有一种方法，就是都画在一个条形上，但是把男生和女生用一条横线分开，然后写清楚哪部分是男生、哪部分是女生。就是这样的方法画起来比较麻烦，但是男女生的总数是可以看清楚的。

师：嗯，大家的想法都很好，这样的表示几类量的统计图我们一般是左右叠加来画，刚才有一个组提到了用不同的条纹和颜色来表示男女，需要在边上写清楚，这在数学中叫作图例。用图例来表示有什么好处呢？

生：表示比较简单，而且一目了然，可以看清楚分别表示了什么。

师：嗯，这样的统计图大家能给它起个名字吗？

生：复杂统计图、多样统计图、双条统计图……

师：大家表达的意思都是对的，它在数学中有固定的名称，叫作"复式条形统计图"。

师：现在大家会画复式条形统计图吗？我们一起来试一试。在里约热内卢奥运会上，中国取得了很不错的成绩，下面是奖牌榜前三位的情况，你能画出复式条形统计图吗？

第三十一届奥运会奖牌榜前三名统计表

金牌榜	国家	金牌	银牌	铜牌
1	美国	46	37	38
2	英国	27	23	17
3	中国	26	18	26

第三十一届奥运会奖牌榜前三名统计图

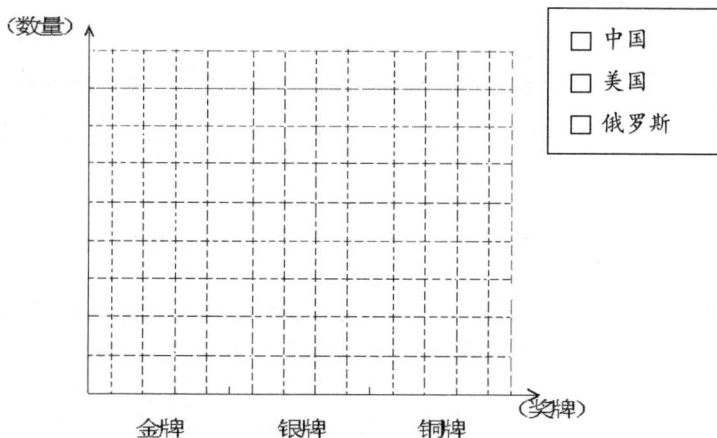

学生独立画统计图，画完后进行展示、交流、点评。

重点讨论交流：怎样确定纵轴上一格表示几？在图例的应用中，颜色或条纹不能太接近，以便加以区分。可以在每一个条形上方标明数据，让大家能更清晰地看出所表示的数量分别是多少。

师：在这张统计图上我们可以得出哪些信息？

生：美国这次发挥得很好，金牌、银牌和铜牌都是第一。

生：中国跟英国在金牌上只相差 1 块。

生：中国的铜牌比英国要多。

……

[设计意图]在自主探究如何把两张统计图变成一张统计图的过程中，借助活动导学单将学生的差异思考进行呈现，让他们在交流、辨析、讨论的过程中明白用图例表示的方法简洁、明了，便于制作和读图，从而理解规则后面所蕴藏的道理。在差异化的表达中，学生原始的思想得到了充分的暴露，一些有价值的思考得到了尊重和肯定，在一定程度上激发了学生的学习兴趣。

三、读图分析，强化应用

师：统计图给了我们很多直观的信息，我们不仅要会画，还要会分析。老师收集了一些统计图，我们一起来分析一下。请看活动导学单。

活动导学单

活动要求:

1.信封里有4张统计图,小组里每个人选择一幅进行分析并回答相关问题。

2.完成后,组长组织交流,如果有疑问不能在组内解决的,请做上记号,准备提问。

3.小组内选择一张特别有意思的统计图,准备向全班进行介绍。

1. 下面是某校五年级学生爱吃的蔬菜统计图。

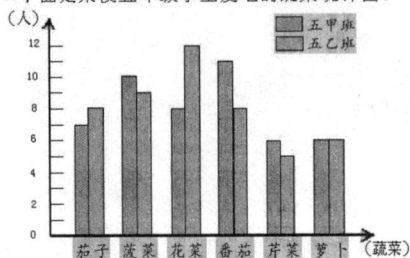

（1）五年级喜欢吃芹菜的比喜欢吃萝卜的少
（　　）人。
（2）五乙班最喜欢吃的蔬菜是（　　）。
（3）你能给该校五年级的同学或者食堂提什么建议?

2. 晨光小学三年级学生参加拓展课的人数统计图

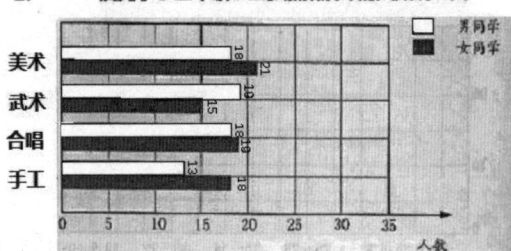

（1）参加手工小组的男同学比女同学少
（　　）人。
（2）参加美术和武术这两个课外小组的男同学一共有（　　）人。
（3）你还能提出一个数学问题吗?

3. 我国2006年～2011年货物进出口总额统计图

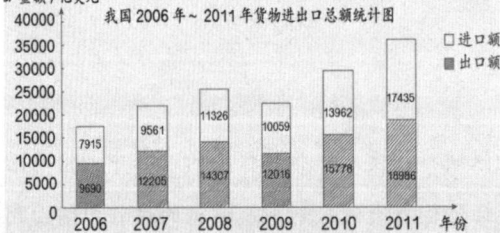

（1）（　　）年进口额最少,（　　）年出口额最多。
（2）（　　）年的进出口总额最多。
（3）有人说这几年的进口额和出口额每年都在增加。
你觉得对吗?为什么?

4. 某小学四年级学生电脑打字速度情况如下图。

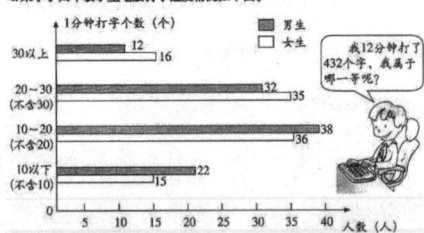

（1）1分钟打字个数在30个以上的共有（　　）人。
（2）图上的这个女孩的打字速度属于哪一等呢?（　　）
（3）看一看,你自己平时的打字速度大概属于哪一等?

学生完成后进行汇报，交流中重点分析横轴与纵轴交换的统计图，以及两个量上下叠加的统计图如何读图。

师：今天这节课我们研究了什么？对你有什么启示？

生：……

［设计意图］利用活动导学单，将多幅统计图集中呈现，通过先分散研究再集中讨论的学习方式，将学生个性化的探究成果进行分享，对几种不同形式的复式条形统计图加以认识了解，在单位时间内提高了学习效率。在读图、分析、解决问题的过程中，学生进一步增强了统计意识。

课后反思：

在引导学生体验统计的过程中，培养统计意识，积累统计经验是统计内容教学的重要价值。"复式条形统计图"一课以学习一种新形式的统计图为载体，让学生感受统计图产生的必要性、体验统计的过程、创造合理的表达形式，在思辨的过程中进一步感受统计的意义。

1.创设情景，感受统计图的必要性

数学知识来源于生活，应用于生活。在本课中，以统计男生女生最喜欢的动画片为载体，通过经历一个身边的统计活动，使学生感受到利用单式条形统计图来表达数据的局限性，从而有了创造一种可以清楚表达多组数据情况的统计图的需要。学生带着这种需要来探究表示的方法，由于已经有了一定的利用图表表达数据的经验，让接下来的自主探究成为可能。

2.差异分享，理解表达方法

在解决如何用一幅图表示出几组不同统计量的探究环节中，利用活动导学单差异化地呈现学生的原始想法和画法，通过交流辨析，提取学生表达中的合理元素并加以改进，从而让他们体会到规范的复习条形统计图表达方法的科学性、合理性和简洁性，感受到数学之"美"。这个过程是基于学生的经验和原有的知识基础进行的，整个过程真实而且充满着思辨，这样的学习能促成学生真正理解后的习得。

3.多元读图，培养统计意识

统计内容的学习目的不是单纯地让学生学习数据的统计方法，也不是把统计的相关概念作为知识点来加以训练，其核心价值应是学生统计意识的培育，提升他们的收集信息、表达信息、分析数据、解决问题的能力。在本课练习环节，教师利用活动导学单安排了较多理解图意并解决问题的内容，在读图、分析、交流、审辩、解决问题的过程中，进一步提升学生的统计意识，使他们感受到统计的目的是分析应用、帮助决策。

课例4　《角的度量》

课前思考：

"角的度量"是人教版数学四上的学习内容，是一节技能形成的新授课，需要学生认识并掌握度量工具量角器。为了了解学生的原有基础，教师在课前做了一次学生调查。

调查对象：调查的是上城区一所普通学校的四年级学生，还未学习角的度量及量角器的使用方法。四年级共有3个班，每个班由数学教师推荐好、中、弱学生各3名。

调查内容：给出一个50°的角，一条边水平呈现，让学生选择工具进行测量。（见图6-11）

小朋友，你好！下面有一个角，你能选择合适的工具测量出它的大小吗？

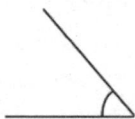

图 6-11

呈现的工具及方式：提供了4种工具供学生选择，分别是直尺、两把三角尺、量角器，排列呈现方式如下（见图6-12）。

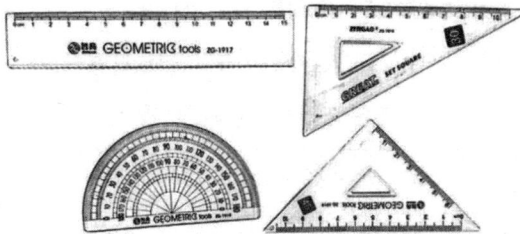

图 6-12

测查方式：一对一单独测查，教师和一名学生在办公室进行，旁边没有其他教师和学生干扰，教师念一遍提示语后，学生单独完成，允许学生多次尝试，以最后一次摆放结果为准，教师在整个过程中不予以任何提示。

数据反馈：根据学生在测查中的反馈，将学生完成情况分为以下的五个水平。

水平 0：不会选。没有选择量角器作为测量工具。

水平 1：选对不会摆。在四个工具中选择了用量角器度量角的大小，但是没有目的地乱摆，或者是用了直尺的方法量（如图 6-13）。

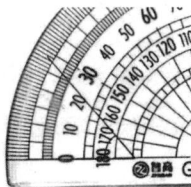

图 6-13

水平 2：会摆不会读。能正确地摆放，但是读不出数据或读错数据。

水平 3：会摆会读。能正确地摆放，并能正确读出数据。

水平 4：改变角的呈现方式仍旧会摆会读（如图 6-14）。旋转纸张，将角的两条边都变为不在水平方向，仍旧能够正确摆放和读数。

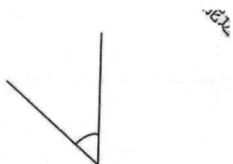

图 6-14

水平0至水平2可以理解成不会利用工具进行测量，水平3、水平4可以理解成会利用工具正确测量。各水平的人数及所占百分比如下表。

学生测量角度前测统计表

是否会测量	不会测量			会测量	
水平层次	水平0	水平1	水平2	水平3	水平4
人数	11	9	3	2	2
百分比	40.7%	33.3%	11.1%	7.4%	7.4%
	85.2%			14.8%	

根据课前测查，教师发现在学习新课之前了解量角器的孩子较少，只有14.8%的孩子会使用，而有85.2%的孩子要么不清楚量角器可以度量角的大小，要么就不会使用。由于量角器的构造特殊，对于四年级的学生来说有一定的学习难度。

对于这样有一定难度的技能学习，如果能让学生理解度量原理、明晰工具构造，就可以促进他们掌握并使用度量工具。但由于课堂上时间有限，如何在单位教学时间内让学生既理解原理又能熟练掌握技能，给教师的教学提出了很大的挑战。像这样的内容可以采用课前预学的方式，充分发挥学生学习的主动性，提高学习效能。学生利用微课在课前对量角器进行了解学习，借助活动导学单将预学的效果进行反馈，这样的方式有利于在课堂中进行深入学习。

教学目标:

1. 通过微课学习，了解量角器的构造及各部分名称，理解量角器是由180个1°角叠加形成的，初步感知度量就是与标准进行比较。

2. 通过交流反馈活动，掌握量角器的使用方法，会用量角器度量角的大小。

3. 通过自学微课及小组交流学习活动，自主学习能力及合作学习能力得到一定程度的提升。

微课内容:

课前制作微课,并将视频发给每个学生,学生提前一天进行预学。微课脚本如下:

教学环节及学习材料呈现	教师语言
一、理解单位角	
1. 直观比较大小 **你能比较下面三个角的大小吗?** ∠1 ∠2 ∠3	同学们,大家好!今天我们一起学习"角的度量"。这里有三个角,你能比较他们的大小吗? 很显然,∠3两边张得最开,是最大的。那么∠1和∠2谁大呢?
2. 重合比较大小 **你能比较下面三个角的大小吗?** 	我们可以利用平移重合的方法来比较一下这两个角的大小。 将两个角的一条边重合,再看另一条边,∠2比∠1张得更开些,所以∠2要大一些。
3. 利用"单位角"度量大小 **你能比较下面三个角的大小吗?** A ∠ 单位角 	那么当我们不能运用平移重合方法的时候,我们还可以怎么做呢? 这时可以利用较小的单位角进行度量。 比如这里我们可以找一个单位角∠A,然后用∠A去度量这两个角。 ∠1有这样的1个、2个、3个、4个∠A这么大。 ∠2有这样的1个、2个、3个、4个∠A还多这么一点。 很显然∠2要大一点。
二、认识量角器	
1. 认识1° 1° 人们将圆平均分成360份,将其中1份所对的角作为度量角的单位,它的大小就是1度,记作1°。	如果要更精确地知道∠2比∠1大了多少,我们就需要用更小的单位角作为度量单位。 人们将圆平均分成360份,将其中的1份所对应的角作为度量角的单位,它的大小就是1度,记作1°。

续表

教学环节及学习材料呈现	教师语言
2. 动态呈现量角器形成过程 	根据这一原理，人们把 180 个 1 度角叠加起来，就形成了度量角的工具——量角器。我们具体看一下是怎么样形成的。这是一个 1 度角，如果有这样的 10 个叠加的话就是一个 10 度角。两个 10 度角的话就是 20 度角，以此类推，再把边的数量进行精简，标上刻度，最后就形成了一个完整的量角器。
3. 认识量角器上各部分名称 	请你仔细观察，量角器上有什么？对了，量角器的中间有一个点，叫作中心点。右边有一条零刻度线，它对应的是内圈刻度，左边也有一条零刻度线，它对应的是外圈刻度。量角器中间还有很多刻度线。
4. 在量角器上找角。 你能在量角器上找到角吗？	你能在量角器上找到角吗？嗯，相信你一定找到了。比如这是一个 90 度的直角。那么这个角（蓝色的角）是几度呢？嗯，对了，是 25 度，它的一条边指着内圈的零刻度，所以我们看内圈的刻度，另一条边对准了 25，所以是 25 度。那么这个角（红色的角）是几度呢？我们可以看外圈刻度，从 10 度开始一直到 70 度，说明是 60 度。你做对了吗？

教学环节及学习材料呈现	教师语言
三、学习量角器使用方法 怎样测量下面两个角的度数？ 	如果用量角器来测量这样的两个角，你会怎么测量呢？
1. 动态展示度量∠1 	我们先看∠1可以怎么测量，我们将量角器拿过来，把中心点对准角的顶点，0刻度对准角的一条边，像现在这样是对准了内圈的0刻度，我们就读内圈的刻度，另一条边对准的是60的刻度线，所以∠1就是60°。
2. 度量不同开口方向的∠1 	如果∠1的开口方向变成这样了呢？你还能测量吗？对的，我们可以把量角器转一转，然后还是用中心点对准角的顶点，一条边对准0刻度线，另一边读出度数，还是60°。如果∠1的开口方向变成现在这样了呢？可以怎样测量呢？可以旋转量角器，仍旧需要中心点对准角的顶点，一条边对准0刻度线，另一条边读出度数。注意，现在是对准了外圈的0刻度线，所以要读外圈的度数，还是60°。
3. 度量∠2 	那么我们可以怎样测量∠2的大小呢？方法还是一样的。中心点对顶点，一条边对零刻度线，这里对着的是外圈的零刻度，所以我们要读外圈的刻度。当刻度看不清楚的时候，我们可以把另一条边延长，然后再读数。∠2是120度。
4. 总结量角方法 操作步骤： 1. 把量角器的中心与角的顶点重合。 2. "0"刻度线与角的一边重合。 3. 另一条边所对的刻度就是这个角的读数	用量角器度量角的大小，我们可以按照这样的步骤来操作，你学会了吗？

教学过程：

一、反馈效果，巩固方法

师：大家课前都学习了有关于"角的度量"的微课，有没有看懂呢？

生（部分）：看懂了。

师：哇，这么多同学看懂了，真棒！有的同学可能还有一些疑惑，没有关系下面我们一起交流一下，请看活动导学单1。

活动导学单1

活动要求：

1.独立提1~2个问题来考查同桌是否已经学会了"角的度量"微课中的知识？（信封中有4个角可供选择）

2.一人提问，另一人回答，完成后交换。

3.准备汇报。

提问：＿＿＿＿＿＿＿＿＿＿＿＿＿＿＿＿＿＿＿＿＿

＿＿＿＿＿＿＿＿＿＿＿＿＿＿＿＿＿＿＿＿＿＿＿＿＿

＿＿＿＿＿＿＿＿＿＿＿＿＿＿＿＿＿＿＿＿＿＿＿＿＿

信封中的4个角见图6-15：

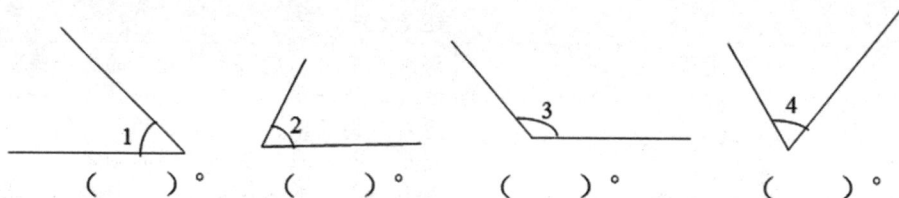

图6-15

活动后请几组同桌进行汇报：

师：你们提了怎样的问题来考查同桌是否已经学会了知识？

生：同桌让我写出测量角的方法，还让我量出∠3的度数。我让同桌比较∠1和∠2两个角谁更大？大多少？

生：我问同桌的是这些角中哪个角最大？哪个角最小？分别是多少度？我同桌问我的是∠4这个角怎么测量？多少度？

师：看来你们都提出了很好的问题来考查同桌是否已经会使用量角器了，谁再来说一说量角器是怎么使用的呢？

生：就是量角器的中心点要对准角的顶点，0刻度要对准角的一边，角的另一边对准的刻度就是角的度数。

生：我补充一下，还要弄清楚是对准了哪个圈的0刻度，对准内圈0刻度就读内圈的刻度；对准外圈0刻度就读外圈的刻度。

师：看来你们都学得不错，那么在度量∠2和∠4时需要注意些什么呢？

生：度量∠2的时候，因为有一条边画得比较短，读数的时候比较麻烦，可以把这条边延长再读数。

生：∠4的两条边都是倾斜的，所以我们在量的时候也要旋转一下量角器，让量角器的零刻度与一条边重合。

师：说得很好，那谁能到实物展台上来帮我们测量一下∠4，其他同学判断一下测量得是否正确。

请一名学生上来测量，其他学生评价。（过程略）

［设计意图］由于之前有了微课学习，教师便可以通过活动导学单引导同桌互相提问来检验微课学习的效果。提问环节是开放的，照顾到个体之间的差异；提问的指向是有目标性的，目的是考查同桌是否学会了量角器的使用方法。这样的处理方式，可以将更多的学生包裹到课堂中来，提高学生的参与性。在随后的整体反馈交流环节中，教师引导学生对量角器的使用方法、特殊角的测量注意事项进行讨论，进一步巩固学习效果。

二、探索讨论，突破难点

师：看来大家已经会使用量角器了，你能运用量角器来量出下面4个角的度数吗？根据活动导学单2进行活动。

活动导学单2

活动要求：

1.请利用量角器独立测量下面4个角的度数。

2.在四人小组内校对测量结果，然后讨论有什么发现，把发现记录在下方空白处。

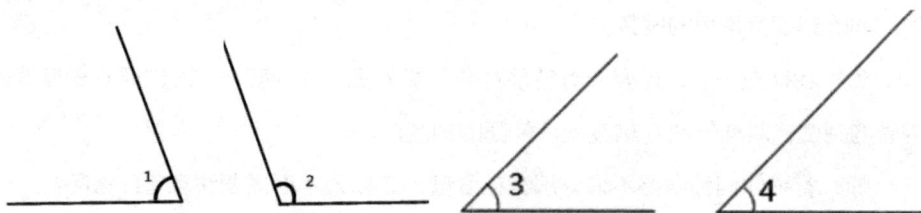

你们的发现：_____

_____

_____

完成后小组汇报。

师：哪个小组先来跟我们校对一下这四个角的度数？

生：我们测量出来的结果是：∠1=70°、∠2=110°、∠3=45°、∠4=45°。

师：很棒，大家都测量对了吧。下面哪些小组愿意来分享你们的发现？

生：我们组发现∠1与∠2的度数加起来正好是180°，180°是个平角。而且这两个角是比较容易弄错的，一个是对准了内圈的0刻度，所以读内圈的刻度；另一个是对准了外圈，读外圈的刻度；如果不注意的话就会读错。

师：你们组真厉害，连平角的知识都知道了，其他组有补充吗？

生：我们组有补充，刚才说∠1与∠2在量的时候比较容易内、外圈读错，其实只要判断一下角的类型，比直角小是锐角，它小于90°；比直角大是钝角，它大于90°，这样就不太容易错了。

师：非常棒的方法！

生：我们组发现∠3与∠4的度数是相等的，就是量∠3的时候要把一条边延长一点，这样方便读数。

生：我们组发现∠3与∠4的度数是相等的，没有量的时候觉得∠4会比∠3要大，但是量了之后发现是一样大的。

生：确实这样，我们组也发现了，角的大小跟它的两条边有多长是没有关系的，因为两条边是射线，可以无限延长。

师：大家都很厉害，确实角的大小跟所画出的边的长短无关，那么跟什么有关呢？

生：跟开口的大小有关，开口越大角度越大，开口越小角度越小。

师：嗯，也就是跟两条边张开的程度有关，张得越开，角度就越大。

[设计意图] 本环节利用活动导学单进行板块化的探究活动。学生用量角器测量4个角的度数，便于巩固掌握量角器的使用方法，落实注意点。通过进一步比较讨论，学生发现其中两个角的度数加起来正好是180°，这里蕴含了平角的知识，并辨析了内外圈读错数这个易错点。另外还认识到，两个角的大小相等，但所画出的边长短不同，辨析后就理解了角的大小与所画出的边的长度无关，而与两边张开的程度有关。

三、独立练习，拓展提高

师：看来大家都学得不错，活动导学单3上的这四个角的度数你能量一量吗？

活动导学单3

活动要求：

1. 请利用量角器得出下面各个角的度数。

2. 想一想：最少需要量几个角？

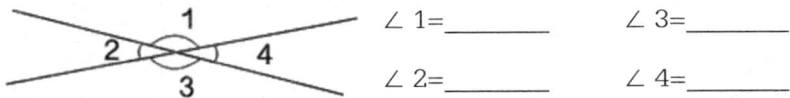

∠1=_____   ∠3=_____

∠2=_____   ∠4=_____

学生完成后反馈：

师：大部分同学已经完成了，请用手势告诉我：你量了几个角？

师：有的学生量了4个角，有的量了2个角，哦，还有的同学只量了1个角。量4个角，大家知道怎么回事吗？

生：知道，就是把每个角都量出来。

师：那量2个角又是怎么想的呢？谁来分享一下？

生：我就是量了两个角，我发现∠1和∠3是相等的，∠2和∠4也是相等的，所以只要量2个就可以了。

师：嗯，有相同发现的请举手。你们发现怎么样的角是相等的？

生：（做了个两臂交叉的动作）像这样两条直线相交，相对的角就是相等的，因为都是这两条线，所以张开的程度是一样的。

师：那么只量1个角的同学又是怎样想的呢？有没有道理呢？谁来愿意跟我们分享一下？

生：我只量了1个角，量了∠1=155° 因为∠1和∠3是两条直线相交形成的相对的角，所以是相等的，也就是∠3=155° 。而∠1和∠2合起来就是一个平角，平角180° ，那么∠2=180° －155° =25° ，∠4跟∠2也是相等的，所以∠4=25° 。

师：嗯，这样确实方便了很多，看来通过计算，我们也可以推算出一些角的度数。

师：这节课大家有什么收获？

（回答略）

[设计意图]通过反馈学生差异化的解决问题策略，在互相交流的过程中，开阔了他们的思路、拓展了他们的认知。学生能够直观感受到两条直线相交所形成的相对的角大小相等，并初步理解了角的大小除了可以用量角器测量外，还可以利用关系进行计算，为后续的角度计算做了铺垫，同时也积累了在角的计算中进行简单推理的经验。

课后反思：

采用预学后教的形式，关键要处理好预学的内容如何设计，如何反馈预学的效果，而在课堂上又如何在预学的基础上深入开展学习活动。这三个问题是本课重点尝试解决的问题，通过实践取得了一定的效果。

1.基于原理认知的微课设计

"角的度量"利用预学后教的形式进行教学，对这样的技能形成课，在预学的环节中学习什么显得尤为重要。从"理解单位角""认识量角器""使用量角器"这样三个层次设计微课,意在让学生在理解量角器构造的基础上掌握使用方法。从直观比较角的大小、重合比较角的大小过渡到利用"单位角"比较大小,这个环节可以帮助学生理解为什么要有统一的度量角大小的单位,体会到单位的产生。由1°角过渡到量角器的动态形成过程,使学生能够理解量角器就是由 180 个 1° 角拼合形成的,能从意义的角度理解量角器的构造。从度量一般的角过渡到度量两条边都不在水平方向的角,再到度量一边较短需要延长进行读数的角,最后再总结量角器的使用方法,在整个过程中,学生对如何使用量角器的感悟是比较深的。

2. 基于开放提问的预学反馈

因为受到学生原有基础、学习习惯、学习兴趣、学习能力等因素的影响,预学的效果在个体之间存在较明显的差异。检测并巩固预学的效果需要寻找到可行有效的方式,本课利用了活动导学单组织学生互相提问的方式来进行,因为素材经过设计,所以提问的指向性不会出现较大偏差;又因为提问是开放的,所以不同的孩子能提出不同的问题,便于融入活动。这样的形式一方面可以有效地激发学生参与的兴趣,实现生生之间的有效互动;另一方面,无论是提出问题还是回答问题,都是对所学知识的一种回顾和检验,并且,集体讨论交流可以帮助一些在预学过程中没有很好掌握的孩子进行有效巩固。

3. 基于差异分享的巩固提升

由于课前预学将部分学习内容前置,这就大大提高了课堂效率,在反馈巩固预学效果后,如何进一步展开后续的学习,这在一定程度上决定了预学后教的效果。本课借助活动导学单安排了"角的大小与什么有关""角度的计算与推理"两大学习板块,这两个板块都是依托角度测量来进行的,在巩固技能的同时又拓展了认知。利用活动导学单将学习活动板块化,形式比较开放,可以有效照顾到学生之间的差异,也便于将这种差异变为进一步交流讨论的资源,在生生及师生交流审辩中让学习走向深入。

课例5 《平行四边形的面积》

课前思考：

"平行四边形的面积"是人教版《数学》五年级上册"多边形面积"单元的起始课。本节课的学习是在学生掌握了平行四边形的特征以及长方形、正方形面积计算的基础上进行。本课中所渗透的转化思想是进一步学习三角形面积、梯形面积计算的基础。教材以平行四边形的面积计算为重点，先用数方格方法计算图形的面积，帮助学生进一步理解面积和面积单位的含义，为推导平行四边形的面积计算公式提供感性材料。再通过割补实验，把一个平行四边形转化为一个与它面积相等的长方形，将新旧知识联系起来，让学生明白图形之间的内在联系，便于从已经学过的图形面积计算公式推导出新的图形面积计算公式，使学生理解面积计算公式的意义和来源。

在教学过程中，如何暴露出学生对于"平行四边形的面积"真实的原始认知和经验，如何利用学生之间的差异来产生探究的需求，变被动学习为主动探索，这不仅需要教师把握知识的逻辑起点，更要关注学生的现实起点，让课堂变得更加真实。

教学目标：

1.通过学习，学生能在理解的基础上掌握平行四边形的面积计算公式，能正确计算平行四边形的面积；

2.经历猜测、观察、操作、比较等过程，学生的空间观念能够有所发展，能初步感悟转化的思想方法。

3.通过学习，激发学生学习兴趣，培养互相合作、交流、评价的意识。

教学过程：

一、开门见山，直接引入

师：（指着黑板上画出的平行四边形）今天我们学习平行四边形的面积，谁来指一指平行四边形的面积是指哪个部分？

一生上黑板来指。

师：你的活动导学单上也有一个平行四边形，如果要计算这个平行四边形的面积，你认为需要量出它的什么数据？请你量一量并求面积。请看活动导学单上的要求。

活动导学单

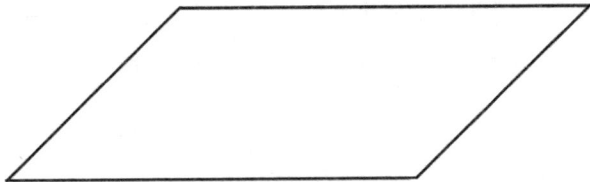

活动要求：请用尺测量出你认为需要的数据，并计算出平行四边形的面积。想一想并写一写这样计算的理由是什么？

_____

_____

学生进行独立操作和计算。

活动后反馈方法：

师：谁先来说一说自己的方法？

生：我量出了这个平行四边形的底和斜着的一条边，底是 10 厘米，斜着的边是 6 厘米，然后相乘，面积是 60 平方厘米。

师：用同样方法的同学请举手。（大多数同学举起了手。）

师：有不一样的方法吗？

生：我的不一样，底我也量了是 10 厘米，但是另一条我量了高，高是 4 厘米，用底乘高得到面积，面积等于 $10 \times 4 = 40$ 平方厘米。

师：同一个图形出现了两种计算方法和两个面积结果，他们可能都是正确的吗？

生：不可能，面积不会变大变小，一个是对的，另一个是错的。

师：也有可能两个都错了，看来需要好好地讨论一下。

[设计意图]让学生直接求平行四边形的面积，促使学生思考需要测量哪些数据，可以怎么计算。这样的引入方式，可以充分反映出学生真实的学情，便于教师了解学生对平行四边形面积计算有怎样的基础，同时将学生之间的差异进行充分暴露，这些差异又成为进一步研究辨析的素材。

二、讨论算法，去伪存真

师：请支持底乘邻边的同学先来解释。

生：长方形一拉就变成了平行四边形，长方形的面积是长乘宽，长就是底，宽就是邻边，平行四边形的面积就应该是底乘邻边。

师：有相同想法的举手。（很多孩子举手。）

老师在黑板上记录学生的思考，并利用长方形框架让学生进行演示。

黑板上展示（见图6-16）：

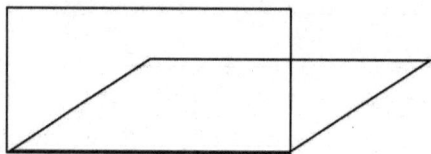

图 6-16

师：很多孩子是这样想的，请静静地思考这样的解释可以吗？

（学生安静地进行思考，有个别学生发现了问题）

生：好像有点不对劲，总觉得这个长方形的面积要大一些。

生：我认为应该是长方形的面积大，我有办法来说明一下：只要把平行四边形右边多的那块拼到左边，就可以看出比长方形还少了一块。（说完后到黑板上画了画。）

（学生看完后，发出"哦"的感叹声。）

师：现在你们有什么发现？

生：这样拉一下面积是会变的，而且从图上看，拉成平行四边形后面积就少了一部分，面积变小了。

生：所以用邻边相乘的方法是不对的。

［设计意图］利用课堂留白，学生们有充分的时间去思考：邻边相乘的方法是否可行？通过学生们的讨论和辨析，明确邻边相乘的不合理性，打破了大部分学生所持有的惯性思维，从而为后续探究打下基础。

三、操作交流，验证公式

师：那么现在剩下底乘高的方法了，这样计算可以吗？你能想办法来解释或验证吗？

出示活动导学单：

活动导学单

活动要求：

1. 先独立思考如何来验证平行四边形的面积可以用底乘高来计算。

2. 如果觉得有困难，信封中有4张智慧卡，先看A卡，如果还有困难可以看B卡，以此类推。

3. 学具袋中有可能需要使用的材料，请根据实际情况选择使用。

4. 验证的过程请记录在导学单上。

5. 先完成的同学可以帮助有困难的同学。

6. 交流整理小组内的方法，准备汇报。

_____

_____

_____

_____

智慧卡 A	智慧卡 B
请利用剪一剪，拼一拼的方法，把平行四边形变为已经学过面积计算公式的图形。	请利用剪一剪，拼一拼的方法，把平行四边形沿着一条高剪开，然后拼成一个长方形，想一想平行四边形的底和高变成了长方形的什么？

智慧卡 C	智慧卡 D
可以利用学具袋中塑料透明方格纸，数一数平行四边形的面积，想一想有什么发现。	可以利用学具袋中塑料透明方格纸，数一数平行四边形的面积，想一想平行四边形的面积与底和高有什么关系？

反馈交流：

师：请小组进行汇报。

生：我们小组有两种方法：一种是数格子，一小格就是 1 平方厘米，数出的格子数就是平行四边形的面积，有 40 平方厘米，就是 10×4，用底 × 高计算面积是可以的。

生：另一种就是用剪拼的方法，把平行四边形沿着高剪开，剪成一个三角形和梯形，然后拼起来就是一个长方形。

师：关于他们小组的汇报有什么问题要问？

生：数格子的方法，那些不是整格的怎么数？

生：不是整格的可以互相拼起来，拼成整格的。（边说边画。）

生：用剪拼的方法有没有不一样的剪法？

生：有的，可以沿着另外的高剪开，变成两个梯形，再拼成长方形。只要沿着高剪开就可以了。

生：为什么拼成了长方形就说明平行四边形的面积可以用底乘高来计算？

生：我们可以看到，原来平行四边形的底就变成了长方形的长，高就变成了宽。长方形的面积 = 长 × 宽，所以平行四边形的面积 = 底 × 高。

师：还有问题吗？如果没有问题老师提几个问题。

师：是不是所有的平行四边形都能沿高剪开后拼成一个长方形？比如这一个。

（出示图 6–17）

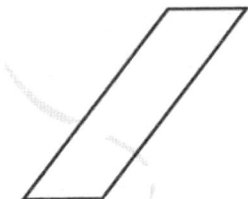

图 6-17

生：应该是所有的平行四边形都能沿高剪拼成长方形的，比如这个细细长长的平行四边形，横着这条底上的高是不能剪的，但是我们可以换另一条斜着的边为底，再沿着高剪就可以了。（学生边回答，教师边利用课件进行演示。）

师：为什么一定要沿高剪？

生：如果不沿高剪就没法剪出直角，长方形是有直角的。

［设计意图］利用活动导学单引导学生进行探究活动。由于学生对平行四边形面积计算的理解程度不同，需要得到的帮助也会不同。教师提供差异化的智慧卡以满足不同学生的需求，从而让学生都能在探究环节找到适合自身的探究路径，提高自己的探究效能。通过集体反馈，学生对平行四边形的面积为什么可以用底乘高来计算有了进一步的认识，对操作方法背后蕴藏的道理有了一定的了解。

四、练习巩固，拓展提升

1. 口答面积（见图 6-18）。

口答下面几个平行四边形的面积：

底 /cm	高 /cm	面积 /cm
14	5	
10	5	
7	5	
5	5	
2	5	

图 6-18

学生回答后，提问：

师：对这些平行四边形你有什么发现？

生：我发现它们的高都是 5cm，没有变。

生:高不变,底在慢慢变短,面积也在慢慢变小。

师:你能在脑海里想出这个过程吗?高不变,底慢慢变短。大家一起来试着想一想。

师:如果底用 a 来表示,高用 h 来表示,那么平行四边形的面积可以怎么表示呢?

生:可以用 a 乘 h 来表示。

师:很棒,我们可以用 $S=ah$ 来表示平行四边形的面积计算方法。

2.看图计算面积(见图6-19).

师:接下来我们就来运用公式来算一算下面图形的面积(单位:cm)。

练一练:
　计算下面各图的面积。(单位: cm)

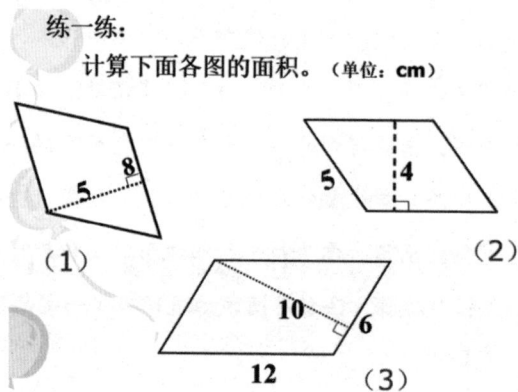

(1)　　(2)　　(3)

图 6-19

师:3题都完成的请举手,完成两题的请举手,那是不是全完成的就一定完成得好呢?下面请一位同学分享一下他的做法。

(通过实物展台展示一位同学的活动纸。)

师:看了这位同学完成的,你有什么想说的?

生:我认为第2题不应该是 5×4,这两条边是不能够乘起来的。

生:我也认为这题不对,不能这样乘,但怎么求出面积我也不知道。

师:哦,好几个同学认为第2题不能用 5×4 来计算面积,为什么呢?

生:因为5厘米这条底对应的高是不知道的,而4厘米这条高对应的底是不知道的,所以少条件,没法求的。

师：嗯，很有道理，他说到了一个词，叫……

生：对应。

师：好，我们能不能想象一下，如果沿着 4 厘米这条高剪开，再拼成长方形会是怎么样的？

生：5 厘米这条边在长方形的里面，不是长方形的长。

师：很多同学想到了，是不是这样的？（课件呈现动画，如图 6-20。）

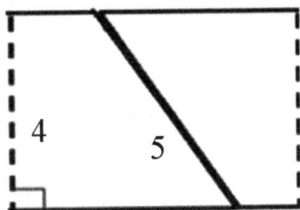

图 6-20

师：现在你对对应的底和高是不是有了更深的理解，那么第 3 题对应的底的高就是 6 和 10。如果想知道 12 厘米这条底对应的高是多少？可以怎么算？你能在活动纸上试一试吗？

（完成后反馈。）

生：刚才已经算出了平行四边形的面积，6×10=60（平方厘米），已知底求高，就是用面积除以底，60÷12=5（厘米），对应的高是 5 厘米。

师：那如果已知平行四边形的面积和高，你会求对应的底吗？

生：会，用面积除以高。

师：之前我们把长方形框架拉成平行四边形，我们发现面积变小了，现在你能用今天的知识来解释一下为什么会变小吗？

生：我明白了，其实这样拉成平行四边形后，它的高变短了，底没有变，所以面积变小了。

师：大家再想象一下，如果把这个平行四边形框架再往下压，它的面积会怎么变化呢？为什么？

生：越来越小，因为高越变越短了。

[设计意图] 通过两组基础性的练习，达成巩固平行四边形面积计算方法的目的。通过对练习的进一步辨析，学生知道了面积公式的字母表达式，也进一步理解了底与高的对应关系。通过两次想象的过程，学生感受到了高不变、底变化时和底不变、高变化时，平行四边形的形状及面积大小的变化规律。

五、课堂小结

师：今天学习了什么知识？我们是怎样学习的？你有什么收获？

（生回答略）

教学反思：

1.合理认识了学生的现实起点，使他们有了参与热情

通过对 4 所学校 4 个五年级班级前测发现，学生在没有预习教材的前提下，对平行四边形的面积如何计算这个问题的理解是有一些共性的。参加测试的共有 193 名学生，其中有 134 人认为是邻边相乘来计算，占 69.4%，并且大多数能给出一个自认为合理的解释。认为底乘高的只有 48 人，占 24.9%，其中能说清理由的有 16 人，占 8.3%。没有方法进行计算的为 11 人，占 5.7%。由此可见，学生受到长方形面积公式的负迁移影响是非常大的，所以在课堂中应该考虑这个现实起点，让学生充分暴露思考过程，在辨析中明确错误的原因，再让他们由此出发思考正确的计算方法。由于教师一开始就让学生大胆地说出想法，满足了学生表达的需求，学生参与课堂的积极性就很高。

2.由认知冲突激起探究欲望，探究有成效

在通过辨析后，大多数学生都认为正确的方法被发现是错的，这对学生来说是一个很强的认知冲突。正是由于这样的冲突，学生也就有了探究正确计算方法的需要和兴趣，也有了合理的探究动机。顺着学生的思路，面对学生自己想出的剪拼方法，一系列问题就随之而来：如何转化？转化后什么变了，什么没有变？光凭想象还不能真正解决问题，那就需要行动起来，观察、操作、实验、交流，活动导学单为学生提供了不同的探究帮助，让他们在尝试中谋求问题的解决，学生的探究活动由此充分展开，进行着真实的探究。

3.用比较辨析渗透转化思想，感悟有深度

课堂中学生经历了两次转化过程。第一次是对长方形进行拉动变成了平行四边形，在这个过程中，每边的长度以及周长没有变化，但是面积发生了变化。通过辨析，学生明白了这样的转化是无法解决平行四边形面积计算问题的，因为最重要的要素——面积发生了变化。第二次是将平行四边形通过割、补、剪拼成长方形，有了第一次的经验，学生很快就明白这样的转化是可行的，因为面积没有变。再通过不同剪拼方法的展示，针对相同点进行讨论，进一步明确了转化是有目的、有方向的，把未知的转化成已知的，把复杂的转化成简单的，把生疏的转化为熟悉的。

在小学数学教学中，教师应该准确把握学生的知识逻辑起点和现实起点，真正读懂学生，为学生在课堂上进行真实的学习做好准备。在真实的学习环境中渗透数学思想方法，引导学生形成主动运用数学思想方法的意识，促进他们思维品质的提升，从而为后续学习打下扎实基础。

课例6 《长方体和正方体的认识》
课前思考：

"长方体和正方体的认识"是浙教版《数学》五年级下册第四单元的起始课，是学生比较深入地研究立体几何图形的开始。由研究平面图形扩展到研究立体图形，是学生认识图形历程中的一次飞跃。长方体和正方体是最基本的立体几何图形。通过学习长方体和正方体，学生会对自己周围的空间和空间中的物体形成初步的空间观念，是进一步学习其他立体几何图形的基础。

本课内容主要是从数量和关系这两个维度探究长方体和正方体的特征，在加深对图形理解的同时进一步发展空间观念，并为后续学习长方体和正方体的表面积和体积做铺垫。在课前着重思考了以下几个问题。

1.如何暴露原有的认知基础

学生在课前对长方体的了解并不是一张白纸，需要充分尊重学生的原有认知。教师要让学生把原先知道的表述出来，然后再引导他们进一步探究长方体的特征，这就需要创设合适的情境，来调动学生学习的积极性，让学生善于交流、乐于分享，提高学习效率。

2. 如何创造选择材料的机会

本课中最主要的课堂活动是利用材料拼搭长方体,在以往的教学实践中,教师往往忽略学生在拼搭材料方面的自主选择性,使学生在操作前缺少"究竟需要怎样的材料"的思考。其实,选择材料的过程也是学生探究长方体特征的过程。教师可以利用活动导学单,引导学生自主选择材料,并给予反思调整的机会,从而让材料的选择更具有思辨性。

3. 如何强化操作中的思考性

这节课中,学生会经历丰富的操作活动。那如何让操作具有思考性,而不是为了操作而操作,从而真正发挥出操作对于理解图形特征的重要作用。所以在课堂上,教师需要在操作前创设问题,让学生带着问题进行操作,在操作的过程中产生思考、解决问题。

教学目标:

1. 通过观察、比较、操作、想象等活动,正确建立关于长方体和正方体的表象,掌握长方体和正方体的特征,理解正方体是特殊的长方体。

2. 通过多层次的课堂活动,积累图形与几何学习经验,培养空间观念,为后续学习做铺垫。

3. 通过小组探究活动,培养自主学习能力,增强合作意识。

教学过程:

课前谈话:动画引入,明确名称。

通过课件动画的帮助,学生想象、观察、思考,初步感知点动成线、线动成面、面动成体。

长方体就是今天认识的主角。

点、线、面是图形中非常重要的元素,请在这个长方体上找出点、线、面。

点、线、面在长方体中有特定的名称,叫作顶点、棱和面。

[设计意图]通过课件演示,学生初步体会了点、线、面、体之间的关系。由此引出长方体上的点、线、面,明确了名称,为后续进一步认识长方体打下基础。

一、了解学情，明确起点

师：今天我们要来研究长方体这个立体图形，你在顶点、棱、面上对长方体有哪些了解？可以拿着带来的长方体实物跟同桌说一说。

学生反馈：顶点有 8 个，棱有 12 条，面有 6 个。

教师进行板书。

师：有谁带来的长方体是不具有这样的特征的？

生：没有这样的长方体，看来长方体都是这样的。

师：除了知道数量，大家还知道些什么？

师：看来有的同学知道的多一些，有的同学还不是很了解。

师：刚才我们是通过观察发现了长方体的一些特征，接下来将通过操作进一步探究。

［设计意图］通过交流，了解学生的学情。将学生比较熟悉的顶点、棱、面在数量上的特征进行简要交代，并且对学生关于长方体棱、面在关系上的特征进行摸底了解。

二、实践操作，体悟特征

1. 思考如何领取材料

师：接下来我们要同桌合作来搭一个长方体。先看一看我们有什么材料。呈现材料（见图 6-21）。

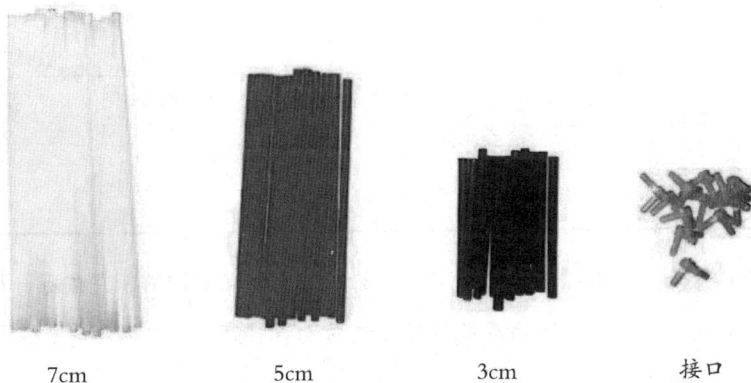

| 7cm | 5cm | 3cm | 接口 |

图 6-21

请学生解释一下材料有哪些。

出示活动导学单。

活动导学单

活动要求：

1. 同桌讨论，填写领料单，凭单领取小棒和接口。

2. 制作长方体框架。（没有成功可以调整材料。）

3. 讨论并记录：

a. 怎样领取材料可以成功？为什么？

b. 在拼搭的过程中，你对长方体的特征又有哪些新的发现？

领料单

	黄色小棒 （9cm）	红色小棒 （7cm）	蓝色小棒 （3cm）	小棒接口
数量				
总计				

你们的结论或发现：_____

_____

_____

选料调整单

	黄色小棒 （9cm）	红色小棒 （7cm）	蓝色小棒 （3cm）	小棒接口
数量				
总计				

［设计意图］学生通过思考后自主选料，容易出现不同的领料方案，从而充分暴露学生的差异，让差异成为后续学习交流的素材。领料之前的思考、想象可以培养孩子的空间观念。

2.反馈交流，概括归纳

（1）理解一般长方体的特征

操作活动结束后，教师询问学生材料的领取方法。

预设：

黄色	红色	蓝色	接口
4	4	4	8
4	8	0	8
4	0	8	8
8	4	0	8
12	0	0	8

师：这些都是成功的搭法，有什么相同的地方？

生：小棒总数是12根，接口都是8个。

师：刚才没有成功的，一起分析一下材料有什么问题。

学生反馈每种颜色都领4根的搭法。

师：先想象搭出来的形状是怎样的？然后说一说有什么新的发现。

预设：学生发现相对的4条棱长度相等，相对的面都是一模一样的长方形。

然后通过长方体框架边演示边解释说明。

最后通过课件呈现完整的长方体特征（见下表）。

长方体特征整理表

	顶点	棱	面
长方体	8个	12条棱； 相对的棱长度相等	6个面； 都是长方形，相对 面完全相同

［设计意图］比较成功与不成功的领料方法，使学生进一步理解长方体顶点、棱、面的数量特征。聚焦学生最容易想到的每种小棒领4根的情况，分析讨论得出长方体的棱、面在关系上的特征。

（2）了解两个面是正方形的特殊长方体

反馈一种小棒领8根，另外种小棒4根的情况。

先让学生想一想搭成的长方体会是怎么样的，然后出示学生搭成功的实物。

师：那这样的是长方体吗？为什么？有什么特殊的地方？

学生通过讨论得出：仍旧是长方体，因为符合长方体的特征。

特殊的地方就是有相对的两个面是一模一样的正方形，另外四个面是一模一样的长方形。有8条棱是一样长的，另外4条棱一样长。

［设计意图］通过对"是长方体吗？为什么？""有什么特殊的地方？"的讨论，利用长方体的特征判断：如果有一组相对面是正方形，那它是否属于长方体？从而让学生了解判断的一般方法。在比较中，学生明确了有一组相对面是正方形的长方体的特征。

（3）认识正方体

反馈用12根一样的小棒搭的情况。

学生先想象这样搭成的长方体是怎样的，然后让搭成功的小组给大家看实物。

思考："是长方体吗？为什么？""有什么特殊的地方？"

学生通过讨论得出：还是长方体，因为符合长方体的特征。只是非常特殊，6个面是一模一样的正方形，12条棱都相等。正方体是特殊的长方体。

教师通过课件呈现，利用表格梳理正方体的特征，并利用维恩图进一步明确长方体和正方体之间的关系。（图6-22）

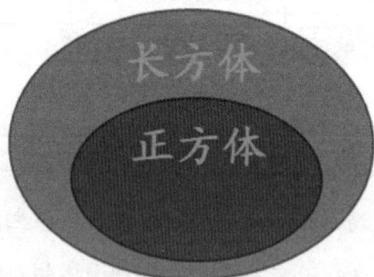

图 6-22

［设计意图］教师利用与之前相同的学习方法，通过对"是长方体吗？为什么？""有什么特殊的地方？"的讨论，使学生理解正方体是特殊的长方体，明晰正方体的特征。

三、拓展提升，发展能力

1.长、宽、高确定一个长方体

提问：在一个长方体中我们需要知道几条棱的长度，就能确定这个长方体的形状？

出示活动导学单。

活动导学单

活动要求：

1.四人小组合作。

2.先通过思考想象判断，如果有困难可以利用长方体框架进行操作。

3.填写你们的结论并说明理由。

你们的结论	最少需要（　　　）条才能确定长方体形状
你们的理由	

学生汇报并进行解释。

教师反馈：是不是任意的三条都可以？出示多种3条棱的情况，并请学生进行想象及分类（见图6-23）。最终得出相交于同一个顶点的三条棱可以确定一个长方体的形状。

哪些情况可以得到一个确定的长方体？

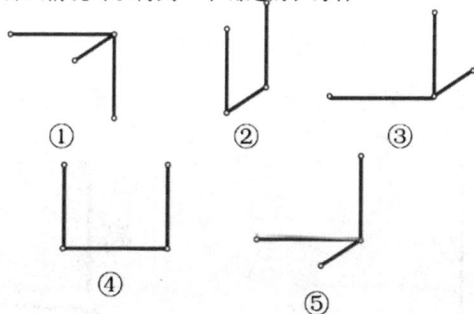

图6-23

师：看来相交于一个顶点的三条棱非常重要，这三条棱叫作长方体的长、宽、高。

师：你能很快找到①、③、⑤号的长、宽、高吗？你是怎么找的？

师：出示这样的三条棱（见图6-24），这样能确定长方体的形状了吗？为什么？

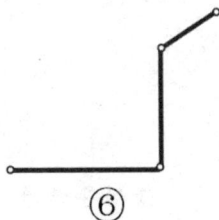

⑥

图 6-24

学生通过讨论明确：这样三条也是可以的，平移之后就是长、宽、高。长、宽、高能确定长方体。（出示图6-25。）

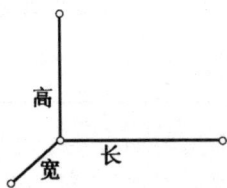

图 6-25

师：闭眼想象，先想一条长，再想出一条宽，再想出一条高。体会由线到面再到体的过程。

教师引导从长、宽、高的角度来解释两个面是正方形的长方体以及正方体有什么特殊的地方：两个面是正方形的长方体就是有两个维度上的长度是相等的，正方体就是在长、宽、高这三个维度上都相等了。用课件进行动画演示（见图6-26）。

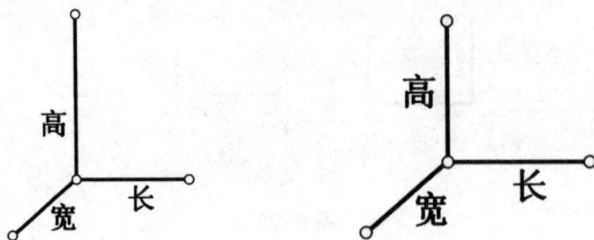

图 6-26

［设计意图］通过拆解长方体框架，呈现多种能确定长方体形状的棱的情况，在变与不变的过程中，让学生感悟长、宽、高的长度确定长方体的形状的原理。以长、宽、高的维度进一步理解正方体是特殊的长方体。教师通过长、宽、高三个维度依次出现想象出长方体的过程，与课堂引入相呼应，进一步培养了学生的空间观念。

2. 相邻的两个面确定一个长方体

教师（出示一个长方体盒子）：请大家思考这个长方体中剩下几个面，还能确定这个长方体的形状，想好了请用手势表示。

学生思考后判断。根据学生的表述，教师请学生上台来剪长方体的面。

最终通过讨论，学生发现，只要剩下相邻的两个面就能确定一个长方体的形状。

师：为什么需要相邻的两个面呢？

学生通过思考理解：相邻的两个面其实就是确定了这个长方体的长、宽、高。

［设计意图］通过拆解长方体盒子，学生从关注长方体的棱转向关注长方体的面，明确相邻的两个面能够确定长方体的形状，这其实就是确定了长方体的长、宽、高，建立了棱与面之间的联系。

课后反思：

《义务教育数学课程标准（2011版）》提倡，在数学的学习过程中要重视学生活动经验的积累。确实，丰富的活动经验对学生理解知识、发展思维、培养能力、形成积极的情感体验，都能起到十分重要的作用。但如果进行的是无效活动，那还能积累有效的经验吗？如何进行活动、进行怎样的数学活动，对学生有效的经验积累产生了很大的影响。在本课中，教师就通过活动导学单的运用来引导学生进行有思考力的操作，使他们通过操作探究理解长方体的特征，并发展空间观念。

1. 在操作前思考

当学习任务呈现在学生面前时，应当要引导学生思考：是否需要进行操作？如果需要操作又该进行怎样的操作？操作是为了解决什么问题？这样的操作才具有针对性、目的性。

本课中有多次学习任务需要学生进行操作。在操作前，教师利用活动导学单有意识地引导学生进行思考，比如在利用小棒搭长方体框架的这一环节，先引导学生思考到底需要怎样的材料才能成功，这不但可以让学生关注到长方体棱的特征，也能培养学生的空间想象力。在探究几条棱能确定长方体的大小时，教师引导学生先进行思考，然后再通过实际操作去拆框架来验证自己的想法，这样的经历对于学生发展空间观念非常有帮助。在操作前的思考对学生是非常有价值的，同时，学生的学习积极性也会提高。

2. 在操作中辨析

在具体开展活动操作的过程中，教师要适时地引导学生进行辨析，思考操作的合理性和可行性，提高思辨能力。

在本课中，在选择材料搭长方体框架时，教师在操作的过程中允许学生更换材料，这样就促使学生边操作边思考，如果出现问题就及时调整，从而在不断修正的过程中增加对概念的理解和发展空间观念。在拆长方体的框架来明确剩下几条棱能确定形状时，让学生一边拆一边反复思考是不是能再少，允许有调整的过程，这就是学生思维发生的过程，对于提升学生思考的积极性很有帮助。在剪长方体的面确定最后剩几个面能确定形状的环节也是如此。

3. 在操作后反思

每一个活动操作都带有一定的目的性，并不是为了操作而操作，所以教师在引导操作时要时刻牢记需要解决的问题。在操作后反思是非常重要的，要让学生思考操作与问题之间存在的关系、操作对解决问题的帮助，最终利用操作得出结论。

本课非常强调利用活动导学单培养学生操作后反思的习惯。在选择材料搭长方体框架环节中，在操作结束后教师要求同桌交流通过搭框架对长方体的特征有什么新的了解，促使学生进行观察和反思。在拆长方体的框架来明确剩下几条棱能确定大小时，学生在得出最少剩下3条棱后，教师让学生反思是不是只要剩下3条棱就可以了，这3条棱有什么具体的要求。学生通过反思得出结论：同一顶点出发的3条棱决定了3个维度的大小，就是长、宽、高。在剪长方体的面确定最后剩几个面能确定大小的环节中，学生在操作结束后明确剩下2个面可以确定大小。教师引导反思：2个面是任意的吗？为什么相邻的两个面就能决定长方体的大小。通过反思，学生发现相邻两个面就决定了长、宽、高。

活动操作是学习数学的一种必要的方式和手段，让操作带有更多的思考性是操作价值的体现，只有让学生学会操作与思考相结合，才能使他们真正在积累数学活动经验的同时发展数学能力。

课例7 《圆锥的认识与体积计算》

课前思考：

"圆锥的认识与体积计算"是浙教版《数学》六年级下册的教学内容。圆锥是学生在小学阶段学习的较重要的立体图形之一。之前学生已经学习长方体、立方体、圆柱等立体图形的有关知识，应该说学生是有比较好的知识储备的，特别是圆柱的相关知识是可以帮助学生在学习圆锥的知识时进行顺利地迁移。所以基于这种情况，对教材进行了一定的重组。在学习圆锥的基本概念时，以学生自学汇报、课件跟踪演示为主；在探究圆锥体积计算方法时，则采用问题情景→自主思考→实验验证→自主反思这样的学习过程。这样的处理方法能达到合理分配学习时间、突破难点，以及提高学生思考、探索、操作能力的效果。

建构主义认为：学生的学习不是由教师到学生单向的知识传递，而是学生建构自己知识的过程。学生不是被动的信息接受者，而是一个主动探究、发现知识的研究者。我在设计本教案时，注重让学生自主学习：通过怎样的平面图形可以旋转得到圆锥，用两种不同的旋转方法分别得到不同的两个圆锥，并进行体积大小比较，这样既培养了学生的空间观念，又能激发学生自主探究圆锥体积的计算方法，提高学生解决问题的能力。

教师要在课堂上为学生提供具体的实践活动，而这种实践活动是以学生有解决问题的需要为前提的，由"教师要学生做"转变成"学生自己要做"。这样的活动设计力图让学生在课堂上做到在思考的基础上进行操作，在猜想的基础上进行验证，从而提高学生实验操作的目的性与思维含量，激发学生在课堂有限的空间和时间内探索问题和解决问题的意识与能力。

教学目标：

1.学生通过学习，能建立圆锥的表象，掌握圆锥的特征，能指出圆锥的底面、侧面和高。

2.学生通过猜想、验证，理解圆锥体积计算的方法，能正确计算圆锥的体积。

3.学生通过活动，观察能力、合理联想能力、实践能力和合作能力得到锻炼。

教学过程：

一、复习圆柱，认识圆锥

师（拿出一个圆柱体模型）：这是一个什么形状的物体？

生：圆柱体。

师：我们以前已经学习过了圆柱体的有关知识，你能回忆一下你知道哪些有关圆柱体的知识？

生：圆柱的体积等于底面积乘以高。

生：圆柱上下两个面是一模一样的圆，侧面展开图是一个长方形或正方形。

生：圆柱的表面积就是两个底面积加上一个侧面积。侧面积等于底面周长乘以高。

生：圆柱两个底面之间的距离就是高。

师：有几条高？

生：无数条。

（教师把学生说的内容简要地记录在黑板上。）

师：我们已经了解了这么多有关圆柱的知识。现在请你想象一下，如果圆柱的一个底面慢慢缩小，最后变成了一个点，它会变成一个什么图形。

生（齐答）：圆锥。

师（拿出一个圆锥的模型）：我们在日常生活中有没有见到过圆锥形的物体。

生：陀螺的下面这部分。

生：有些草帽的上面这部分。

生：蒙古包上面的那个顶。

生：有些蛋筒是圆锥形的。

师（播放课件）：下面我们来找一找下面这些图中哪里有圆锥呢？

图片：一些城堡的顶、导弹头、蛋筒、纸制的圣诞帽……

师：我们看了这么多的圆锥物体，那关于圆锥你已经知道了什么？

生：圆锥的体积就等于底面积乘高再乘以 $\frac{1}{3}$。

生：圆锥的侧面展开图是一个扇形。

生：圆锥的高只有一条。

师：高在哪里？你能不能指一指？

生（边指边说）：就是从顶点到下面这个圆的圆心的距离。

课件演示圆锥的特征：底面、侧面、高（动画演示，学生看图回答）。

［设计意图］教师通过复习圆柱相关的知识使学生类推感知圆锥需要学习的内容，并对圆锥的特征进行学习，重点理解圆锥的高以及侧面展开图。

二、制造冲突，激发兴趣

师：我们知道圆柱可以通过长方形绕一条边旋转一周得到。圆锥可以怎样得到呢？

生：三角形旋转可以得到。

生：直角三角形旋转一周。

师：这里有一个直角三角形，边长分别为 3cm、4cm、5cm，怎样可以得到圆锥呢？

（课件出示：有一个三条边分别为 3 厘米、4 厘米、5 厘米的直角三角形，想要得到圆锥我们可以怎样做？见图 6-27）。

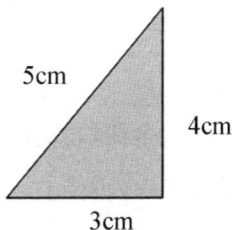

图 6-27

师（拿出一个按比例放大的三角形纸片）：回答的同学请先说方法，然后再操作一遍。

生：可以任意选一条直角边放在一个平面上，然后旋转 360°。

师：好，你能来操作一遍吗？

（学生上来进行操作演示。）

师：就是以 4cm 这条边作为轴旋转 360° 就可以了。还有没有不一样的方法？

生：以 4cm 这条边为底面半径，以 3cm 这条边为轴旋转 360°。

（学生上来进行操作演示。）

师：我们用两种方法得到了两个不同的圆锥，这里再增加两个圆锥，你能比较一下它们体积的大小吗？

课件出示（见图 6-28）：

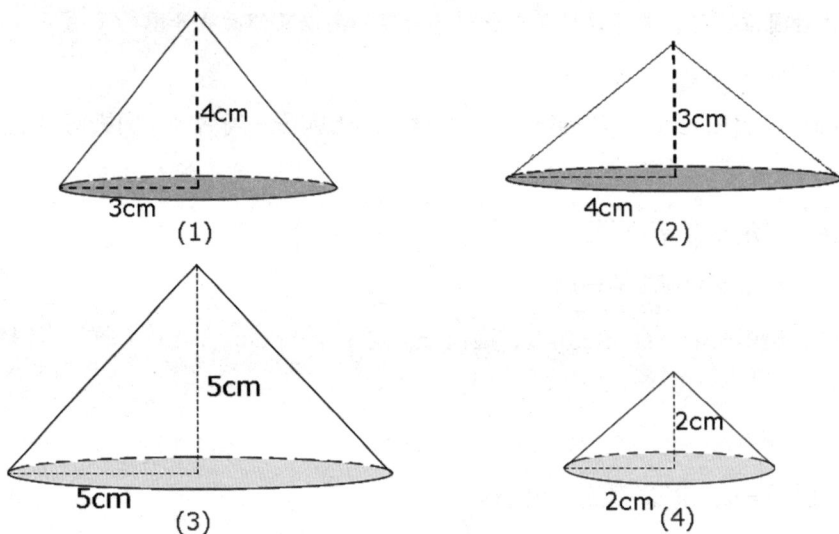

图 6-28

师：现在你能够直接判断的是什么？

生：（3）号的体积最大。（4）号的体积最小。

师：哪些同学也是这样想的？能不能说说为什么？

生：因为（3）号底面半径最大，高也最大，所以体积也最大。（4）号底面半径最小，高也最小，所以体积就最小。

生：底面半径大，底面积就大。

师：那你觉得圆锥的体积会与什么有关呢？

生：底面半径和高的大小有关。

师：也就是跟底面积、高的大小有关。

师：那么剩下的两个圆锥你能不能直接比较大小呢？

生：不能。

师：那你有什么办法呢？

生：用体积计算公式来算一算就行了。

师：是个好办法。那么你们都很相信这个公式是正确的？

生：我是书上看到的，所以我相信。

生：书上看到的应该没有问题，但我们还是需要自己再验证一下。

[设计意图] 在比较圆锥体积大小的过程中，学生感受到底面积和高决定着圆锥的体积。对于不能直接判断体积大小的两个圆锥需要通过计算后进行比较，引出圆锥体积计算公式，并引导学生对公式是否成立进行必要的验证。

三、实践操作，验证公式

师：确实，我们还是要有探究质疑的意识，应该去验证一下。如果要验证这个公式，你有什么好的方法？

同桌交流。

师：谁来说说你的方法？

生：先做两个等底等高的一个圆柱体和圆锥体，然后在圆锥体里加水，倒满以后，把水倒到圆柱体里，倒三次看是否正好倒满。

师：你们认为这个方法可行吗？

生：可以的。

师：好的，我们已经有了一种不错的方法。谁还有不同的？

生：做底面积和高都相等的实心圆锥和圆柱各 1 个，放在两个底面积和高相等而且水面一样高的容器里，看它们水面上升的高度，然后就能发现圆柱上升的高度是圆锥上升高度的 3 倍。

师：这个方法是什么意思？你们有没有听明白？

生：一开始的步骤就是做两个等底等高的圆柱和圆锥，要求是实心的，然后放进两个同样的容器里面，这两个容器里面的水也要求一样，然后再把圆柱和圆锥放进去，看上升的高度，如果圆柱放下去上升的高度是圆锥放下去上升高度的 3 倍，那么公式就成立了。

师：这个方法可以吗？

生：可以。

师：现在老师提供你们一个圆锥、一个圆柱和一袋沙子。利用这些工具你可以怎样去操作验证？

生：把沙子装在圆锥里面，然后倒在圆柱里，倒 3 次看一下结果。

师：你们都要急着去做了。但还是要提醒一下，这里还有几点活动要求。

出示活动导学单：

活动导学单

活动要求：

1. 独立操作时间为 5 分钟。

2. 完成后同桌互相说一说为什么可以这样验证，以及验证的过程。

3. 如果验证成功写一写结论；如果没有成功，写一写可能是什么原因导致的。

_____

_____

学生同桌合作活动。

师：刚才验证成功的同学请举手。

师：没有举手的同学是没有验证成功的，你们说说看，可能存在什么问题？

生：我们发现我们拿到的圆柱和圆锥的底面积是不同的，沙子的密度是不同的，操作不当可能导致实验失败。

师：好，这位同学进行了反思。第一，他反思这个实验工具是否准确，确实，你们有两组同学拿到的圆柱和圆锥不是等底等高的，所以实验没有成功。第二，他反思了我们用的材料——沙子的密度不一样。这是什么意思？

生：压一下沙子就会变紧一点，不压就会松一点。

师：也就是沙子的紧密程度不一样，它的体积也会发生变化。

师：还有没有其他原因？

生：因为圆锥是纸做的，手里捏一下会变小，所以就不准了。

师：好，这也可能是一个原因。

师：这说明我们操作的时候会产生误差，当然你操作的时候仔细一点，误差就会小一点。

师：刚才我们的操作过程也可以用课件来演示。

（课件自动演示操作过程。）

师：倒了 3 次倒满了说明什么问题？

生：圆锥的体积是圆柱的 $\frac{1}{3}$。

师（拿出一个比较大的圆柱）：我这里有个圆柱，拿你们桌上的圆锥来倒 3 次，会怎么样？

生：不行的。

师：为什么？

生：因为它们不是等底等高的。

生：等底等高的情况下，圆柱的体积是圆锥的 3 倍。

师（指着圆锥的体积公式）：那么这个公式，你现在觉得可以用了吗？

生：可以。

师：那我们就来解决一下刚才没有解决的问题，哪个圆锥的体积大？请你完成在练习纸上（见图 6-29）。

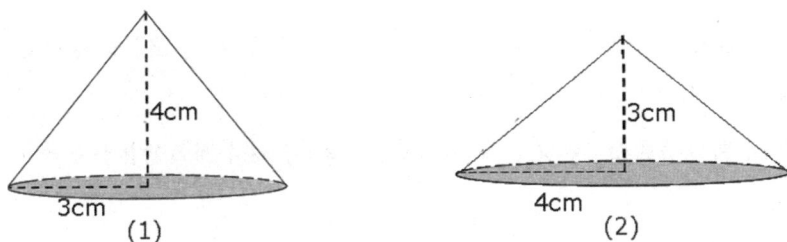

图 6-29

师：说说你是怎样比较的。

生：把两个圆锥的体积都算出来进行比较。一个是 37.68 立方厘米，一个是

50.24 立方厘米，所以（2）号大。

生：不用算出来，用几 π 来表示就可以了，一个是 12π，一个是 16π，所以第二个大。

生：因为都是要乘 π 的，所以只要比较 $3^2 \times 4$ 和 $4^2 \times 3$ 谁的结果大就可以了。

[设计意图] 学生通过讨论方案、实践操作、交流感受、反思原因等过程，验证了圆锥的体积是等底等高圆柱体积的 $\frac{1}{3}$，人人动手参与、人人思考交流，他们对于公式的由来有了一定的理解，积累了实践探究的活动经验。教师进而引导比较两个圆锥的体积大小，提升学生的审辩、推理的能力。

四、课堂练习，巩固拓展

师：通过大家的共同努力我们已经验证了圆锥的体积 $= \frac{1}{3} \times$ 底面积 $\times$ 高，下面我们一起来运用公式解决问题。请看活动导学单。

活动导学单

活动要求：

1. 一星级的题目人人都要完成，二星级的题目有能力的同学选择完成。

2. 完成后同桌校对一星级题目，交流或思考二星级题目。

3. 准备汇报。

☆一星级

1. 一个圆锥的底面积是 24 平方厘米，高是 4 厘米，这个圆锥的体积是（　　　）立方厘米。

2. 一个圆柱和圆锥等底等高，圆锥的体积是 15 立方分米，圆柱的体积是（　　　）立方分米。

3. 一个圆锥的底面直径是 6 厘米，高是 3 厘米，这个圆锥的体积是（　　　）立方厘米。

☆☆二星级

下图的直角三角形，如果以 5 厘米这条边为轴旋转一周形成立体图形，这个立体图形的体积是多少立方厘米？

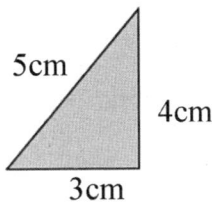

学生完成后进行汇报，重点交流二星级题目的想法。

生：沿着 5cm 这条边旋转一周后形成的立体图形是两头尖尖中间圆圆的。

生：其实就是两个圆锥拼在一起，就是这两个圆锥的底和高都不知道，很难求体积。

生：圆锥的底面半径就是这个三角形以 5cm 为底时的高，圆锥的高分别是多少不知道的，但是可以知道两个圆锥的高的和。

师：嗯，通过大家的分析我们好像已经可以解决了，大家看课件，能否看懂分析的过程，一开始没有完成的可以再做一做（图 6-30）。

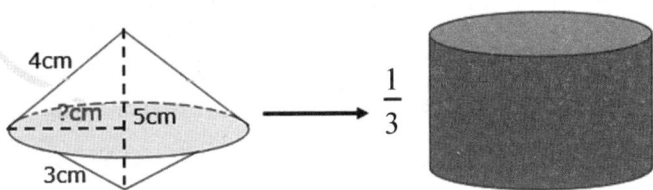

图 6-30

生：只要求出底面半径就可以解决了，底面半径可以这样求：$3 \times 4 \div 2 \times 2 \div 5 = 2.4$（cm）。

生：也可以直接 $3 \times 4 \div 5 = 2.4$（cm）来求出底面半径，接下来就简单了，用底面积乘高的积再乘 $\frac{1}{3}$ 就可以了，$2.4^2 \times \pi \times 5 \times \frac{1}{3} = 9.6\pi = 30.144$（立方厘米）

[设计意图] 活动导学单呈现差异的分层练习，一方面使每个学生都巩固了基础知识，夯实运用圆锥的体积公式解决问题；另一方面有效进行拓展，引导学生对直角三角形沿着斜边旋转形成的立体图形的体积计算进行集体探究，在师生、生生互相启发的过程中，完成了知识拓展，进一步提升了学生的思维能力。

课后反思:

整节课条理清晰,教学过程也比较顺利,学生反应好,参与课堂的积极性高。基本完成了事先制定的教学目标。我们对以下几个方面进行总结和反思:

1.基础知识学习过程处理恰当

这节课通过学生回忆已经学习了圆柱的哪些知识来引出学习圆锥的基础知识,学生进行了比较自然的知识迁移,而且大部分学生课前已经通过各种各样的途径对圆锥的概念有所了解。从课堂的反应也可以看出,学生们并不是一张白纸,这大大节省了学习的时间。最后,通过课件进行再一次的认知,也充分考虑了有困难的学生的实际情况,保证了学习效果。

2.问题情景创设比较得当

解决问题是学生学习数学的一个最有效的推动力。在设计本课时,我们曾多次尝试设计一个有效的现实情景来激发学生探究圆锥体积计算方法的兴趣。但现实中需要计算圆锥体积的实例很少,也远离学生们的生活。所以与其设置一个学生不感兴趣的现实问题情景,还不如直接设计一个数学问题情景。最终,我们结合怎样的平面图形旋转后得到圆锥这个问题,在发展学生的空间想象力的同时,提出了所得到的两个不同的圆锥哪个体积更大这样一个纯数学情景问题。从实际效果来看,六年级的学生对解决这样的数学问题具有一定的兴趣,因此取得了比较好的效果。

3.探索策略的展开比较合适

在探索如何证明圆锥的体积是等底等高的圆柱体积的三分之一时,教师应适时地放开,先让学生思考验证的方法,然后再来操作。思考后再进行操作验证,对于学生的解决问题能力是有真正提高的。从课堂反应来看,这样的做法也取得了很好的效果,每个学生都能参与操作活动,并在操作中积极思考。而且,通过活动导学单来引导学生思考验证成功的理由,或者反思不成功的原因,也培养了学生的回顾反思能力。

当然,课中也存在着一些不足,比如在学生提出用多种方案来验证圆锥体积公式时,由于受到实验器材的限制,只能选择一种进行操作。受到时间的限制,分层练习中二星级的题目讨论展开得还不够充分,有部分孩子没有完全理解。

6.2 拓展课中活动导学单运用案例

拓展课是近年来数学课堂实践的热点内容，主题涵盖数学魔术、数学实验、数学绘本、数学实践活动等领域。诸多好素材被运用到了课堂，学生开阔了视野、锻炼了思维。由于拓展课的内容大都是对书本知识和思想方法的一种拓展提升，因而对学生来说有一定的学习难度，学习的差异就显得尤为明显。

如何让更多的学生能够深度参与到数学拓展课的学习中来？利用活动导学单来组织教学不失为一种有效的方法。活动导学单可以照顾到不同学生的思维方式和能力状况，给学生提供不同的参与课堂研究的路径和方法，实现每个学生都能在课堂上进行真实的参与。本节将呈现部分在项目实施过程中尝试的数学拓展课，希望可以带来一些启发与思考。

课例1 《神奇的尺子》

课前思考：

在数学拓展课的开发过程中，教师们会尝试利用数学本身的一些知识加工成适合学生拓展的资源。然而有些数学知识本身就比较"高端"，如果原封不动地呈现给学生，那一定会让学生感觉味同嚼蜡，难以接受，所以需要教师进行智慧的加工与创作。

一把长度为 n 的尺子，第一个刻度按习惯对应于 0，若尺上的每一对刻度可度量出不同的长度，这样的尺子被称为哥隆尺。图 6-31 是一把四阶的哥隆尺，每两个刻度之间的长度是唯一的。如果一把长度为 n 的尺子，能够度量出 1~n 所有的长度，这把尺子被称为完美尺。如果一把尺子同时具备以上两种特性，则被称为完美哥隆尺（如图 6-32）。

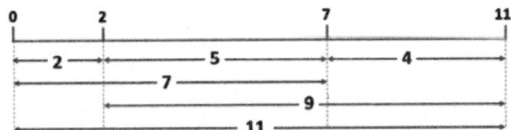

图 6-31

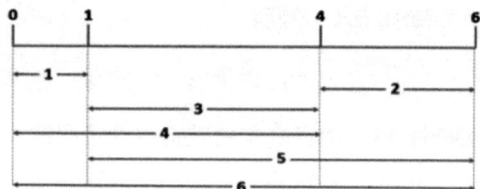

图 6-32

由以上两个例子可知，哥隆尺与完美哥隆尺虽然可以理解成有关于集合与函数的知识，但其包含的数学思想却非常朴实。尺子是学生日常在使用的学习用品，教师可以通过简单的情境出发，逐渐让学生体会到哥隆尺中所蕴含的唯一、不重复的思想，完美尺中蕴含的全纳、包含的思想。在实际教学中可以将复杂的数学知识简单化处理，从而激发学生的探究参与兴趣，在操作思辨的过程中提升数学思维能力。

教学目标：

1.通过学习活动，学生了解什么是完美尺、哥隆尺，初步会判断简单的完美尺、哥隆尺，能尝试创造简单的完美尺、哥隆尺。

2.通过分层次的尝试探究活动，学生的枚举探究能力、合作交流能力、反思推理能力得到不同程度的提升。

3.通过活动，学生能够发现尺子上蕴含着的数学知识，有差异地体会数学探究带来的乐趣。

教学过程：

（课前谈话。）

师：尺子大家都很常见，你们觉得神奇吗？今天我们要来一起努力把尺子变得神奇一些。

一、找长度，明记录方法

课件出示一把尺子（见图 6-33），询问：如果只测一次，不累加，这把尺子可以测量出哪些长度？

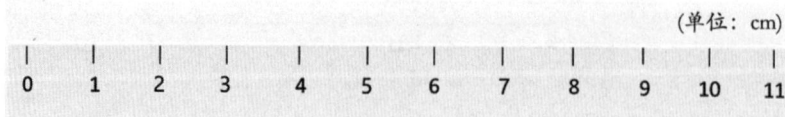

图 6-33

生：可以量出 1 厘米到 11 厘米这些长度。

师：那如果想量出 3 厘米，该怎么量？

生：可以从刻度 0 量到刻度 3。

生：可以从 1 到 4，2 到 5，只要有 3 格就可以了。

师：确实有多种方法，为了方便记录，我们用减法算式来表示方法，比如刻度 0 到 3，我们表示成 3-0；刻度 2 到 5，我们表示成 5-2（教师边说边板书）。

师：接下来，我们要把这把尺子变一下，让它变得神奇一些。课件出示（见图 6-34）。

0	1		4		6		8	9	10	11

图 6-34

师：尺子哪里变了？

生：少了 2，3，5，7 这四个刻度。

师：还能量出 1 到 11 厘米这 11 种长度吗？请判断并在活动单上记录方法，每一个长度记录一种方法就可以。

学生在活动单上进行思考并记录（如下表）。

长度	1	2	3	4	5	6	7	8	9	10	11
方法 /cm											

学生反馈，发现都可以测量，而且有些长度有多种方法。

［设计意图］学生通过对常规尺子测一次，不累加能测量哪些长度的讨论，明晰了记录的方法；通过对减少了 4 个刻度后是否仍旧能测量出所有长度的思考，学生尝试记录方法，并在交流反馈的过程中明晰有些长度可以用多种方法进行测量得出。

二、去刻度，寻找完美尺

1.去 1 个刻度，寻找完美尺

师：接下来我们要一起来把这把尺变得更加神奇，如果在之前的基础上再去掉

1 个刻度，还能保证测量出 1 到 11 厘米的所有长度，你觉得可以去掉哪个刻度呢？

出示活动导学单。

活动导学单

活动要求：

1. 独立思考。尝试去掉 1 个刻度，去掉刻度后，依然能量出 1—11 厘米不等的长度。

2. 小组交流。

a. 同桌两人相互核对完成得是否符合要求？

b. 汇报四人小组中成功的方法，方法少的先说，组长负责记录。

c. 交流有什么发现并准备汇报。

0	1			4		6		8	9	10	11

我去掉的是（　　）。

长度（cm）	1	2	3	4	5	6	7	8	9	10	11
方法											

学生活动后进行反馈。

生：我们组找到了去掉 1、去掉 6、去掉 8 都是成功的方法，而且方法都已经验证过了。

生：我们组有补充，还找到了去掉 4、去掉 9 也都是可以的。

生：去掉 10 也是可以的，我们组发现除了 0 和 11，其他的都可以成为去掉的刻度。

师：为什么 1 和 11 不能去掉呢？

生：这个我们刚才讨论过了，主要是跟 11 这个长度有关，因为在这把尺中能量出 11 的方法只有 11-0 这样一种方法，所以去掉 0 或 11 其中任何一个，11 这个长度就不能成功了。为什么其他刻度都能去掉呢？因为有的长度都有两种或几种不同的方法，去掉了 1 个刻度后，其他方法仍旧成立。

师：很棒，不但能发现规律，而且能解释规律后面存在的道理。

（二）去多个刻度，寻找完美尺

师：刚才我们发现除了 0 和 11 不能去掉，其他的都可以去掉。下面我们要增加点难度，把尺子变得更神奇：能不能去掉 2 个或 2 个以上的刻度，仍旧能测量出所有的长度？

出示活动导学单。

活动导学单

活动要求：

1. 独立思考。尝试去掉 2 个或 2 以上刻度，去掉刻度后，依然能量出 1—11 厘米不等的长度。

2. 小组交流。

a. 成功的同学汇报自己的方法，并请其他组员进行验证；如果没有成功的方法，请再相互启发和讨论。

b. 思考有什么发现并准备汇报。

我去掉的是（　　　）。

长度/cm	1	2	3	4	5	6	7	8	9	10	11
方法											

学生活动后进行汇报。

师：请有成功方法的小组先来汇报。

生：我们组只想出了一种成立的情况，去掉两个刻度 8 和 10，1—11 分别可以这样表示：

$1=1-0$，$2=6-4$，$3=4-1$，$4=4-0$，$5=6-1$，$6=6-0$，$7=11-4$，$8=9-1$，$9=9-0$，$10=11-1$，$11=11-0$。

生：我们组有补充，我们也是去掉两个刻度的，找到 2 组，分别是去掉 4 和 9，或者是去掉 1 和 6；我们组里验证过了，可以成功。我把我们的表格展示给大家（学生边说边在实物展台上进行展示）。

师：还有补充吗？

师：你们已经很厉害了，找到了三种成功的方法，其实还有一种也是能成功的，那就是去掉 6 和 8。你们刚才在找的时候有没有什么好的方法呢？

生：我们都是试出来的，0 和 11 肯定不能去掉，其他的选两个，6,8,9,10 这里排得比较密，感觉这里至少要去掉 1 个。

师：这样的感觉也是非常重要的。如果我们要找策略，能不能从留下哪几个出发来思考呢？谁愿意跟老师一起来试一试。

生：我来试一试，0 和 11 肯定要的，这样 11 已经有了；想要得到 10，需要留下 1 或 10，我选择 1，这样 1 和 10 也有了；想要得到 9，因为 10 已经没有了，所以 9 必选，这样 9 和 2 也有了；再想 8，因为 $9-1=8$，那么 8 就可以不要了；剩下的都要：$7=11-4$，$6=6-0$，$5=11-6$，$4=4-0$，$3=4-1$（学生一边表达，教师一边通过课件进行选择演示）。

师：当然，如果一开始不留下 1 而留下 10，或者都留下，而再考虑 9 或 8 是否留下，可能就能找到其他方法了。同学们可以课后再去尝试一下。

[设计意图]通过研究去掉 1 个刻度仍旧可以测量 1~11 厘米所有长度的活动，让学生感受"猜测—尝试—验证"的思考方法，并有效地利用活动导学单，将学生的不同方法进行呈现，通过不同方法的汇总比较发现头、尾两个刻度不能去掉，并明晰了其中的缘由，有意识地锻炼了学生的思辨能力。去掉几个刻度仍旧可以测量 1~11 所有长度的探究活动，是前一个活动的跟进，有一定的难度，利用活动导学单引导学生群策群力寻找成功的方法，并引导他们尝试利用推理寻找方法，感受推理的力量。

三、找规律，发现哥隆尺

师：刚才我们研究的时候是可以去掉 2 个或 3 个，2 个我们已经试过了，找到了 4 种方法。去掉 3 个有同学成功吗?

生：没有。

师：确实，去掉 3 个好像很难。国外有个叫哥隆的人，他在刚才我们的这把尺上去掉了 3 个，是这样去的，你能帮忙验证一下他成功了吗，请你在表格里填一填。（课件出示，见图 6-35。）

图 6-35

学生在活动单的表格上验证。

教师展示几个同学验证的表格。

师：哥隆成功了吗?

生齐：没有，6 厘米是测量不出的。

师：这把尺子很神奇，是以哥隆的名字命名的，叫作"哥隆尺"。大家观察一下这几个同学验证的表格，你有什么发现?

生：哦，我发现了，这把尺测量出这些长度的方法都是唯一的。

师：有的同学可能没有听明白，谁能再解释一下。

生：之前的尺子，测量某一个长度可以是有多种方法的；这把尺子虽然不能测量出 6 厘米，但其他的长度都是唯一的测量方法。就是同学们呈现在表格的方法，$1=1-0,2=11-9,3=4-1,4=4-0,5=9-4,7=11-4,8=9-1,9=9-0,10=11-1,11=11-0$，每一种长度都只有唯一的一种测量方法（教师再次出示学生填写的表格，如下表）。

长度/cm	1	2	3	4	5	6	7	8	9	10	11
方法	1-0	11-9	4-1	4-0	9-4		11-4	9-1	9-0	11-1	11-0

师：确实很神奇，像这样每种长度没有不同测量方法的尺子就被称为"哥隆尺"，

而像之前能够测量出 1—最大刻度之间所有长度的尺子，我们称为"完美尺"。那么大家思考一下，会有"完美哥隆尺"吗?

生：应该有的。

师：确实有，长度大于 1 的完美哥隆尺只有 4 把，教师先告诉你们 1 把，看看你们能不能想到它变化出来的第 2 把。（教师在黑板上画尺子，如图 6-36。）

图 6-36

生：我看懂了，这么简单，1=1-0、2=3-1、3=3-0，所有的情况都是唯一的，而且 1—3 都能测量出来。

生：我想出第二把了，就是把它变成刻度在 0,2,3 就可以了，相当于把它倒了个顺序。

师：真厉害，那还有两把会是怎么样的呢? 我们留到课后去思考。教师这里可以给个提示，另外两把的总长度都是 6。

师：这节课你有什么收获? （回答略）

[设计意图] 教师通过"验证去掉 3 个刻度是否成功"的活动，引出"哥隆尺"。比较多个学生的验证方法，让学生发现这把尺虽然不能测量出 6，但其他长度的测量方式都是唯一的，从而理解了哥隆尺的神奇之处。由此再进一步了解"完美哥隆尺"需要满足能量出 1 到最大刻度的所有长度，而且每一个长度测量的方法都是唯一的，通过教师引导，学生发现了 2 把简单的完美哥隆尺，并留下悬念，激发学生继续寻找另外 2 把"完美哥隆尺"的兴趣，让兴趣成为学生继续探究的动力，从而进一步体会数学带来的美妙感受。

课后反思：

如何把较深奥的数学原理、知识转化为学生容易接受的学习素材? 教师需要基于学生的理解水平，将素材转化为学生易接受、能掌握的形式。本课的原始素材为哥隆尺，哥隆尺问题在高等数学中可以理解为内射函数的问题，而小学生可以从"没有重复的测量方法"去理解这一问题。课堂上，教师从能测量 1 到最大刻度数的完美尺入手，再自然过渡到哥隆尺，最后让学生尝试理解完美哥隆尺。整个过程由易到难，而且"去掉刻度进行尝试"的方式使每个学生都能参与操作思考，参与到探究的过程中。

1. 巧妙处理素材，激发兴趣

要让学生能够顺利地在一开始就参与到课堂里积极思考，教师应设计好情境、处理好素材。本课从学生熟悉的完整的尺子引入，并且以"变得神奇"作为驱动，先明确记录方法，再尝试用表格记录教师提供的缺了刻度的尺子的测量方法，这些学习任务符合学生的学情，通俗易懂却带有数学味，激发了学生的探究的兴趣，为后续进一步探究深层次的问题打下了基础。

2. 有效利用差异，深入探究

在探究去掉"一个刻度""几个刻度"仍旧可以量出所有长度的两个环节中，教师有效地利用了活动导学单这一载体。通过活动导学单的组织和引导，每个学生都能根据自己的能力参与到探究活动中，在独立思考、小组交流的基础上，将各自的差异充分呈现出来，成为全班交流讨论的素材。在去掉"一个刻度"的环节，学生们通过集体讨论发现首尾两个刻度不能去掉，并进而明白了是由于测量方法的唯一导致了首尾刻度不能去掉。在去掉"几个刻度"的环节，通过群策群力，他们发现了几种去掉两个刻度的成功方法，并尝试用推理的方法去理解怎么有效地去找方法。在这两个环节中，学生都经过充分的操作、实践、思考和高效的交流讨论，促使学生进行真正的探究，从而进一步提升数学素养。

3. 对比思考本质，有效思辨

通过"去掉3个刻度是否成功"的探究，教师自然地引出了哥隆尺。在探究环节，通过多个学生的验证表格进行比较，发现测量方法唯一；再通过与之前的尺子测量方法比较，思辨哥隆尺的特殊之处。在理解哥隆尺的奇妙后，学生又进一步思辨是否会有能测量1到最大刻度所有长度的哥隆尺，即完美哥隆尺。通过互相启发、教师引导，他们顺利找出两把总长度为3的完美哥隆尺，并由此留下继续寻找两把总长度为6的完美哥隆尺的课后思考问题。整个过程在对比中进行思辨、在思辨中进行完善，提升了学生深入思考问题的能力，感受了循序渐进、逐步深入的思考问题的方法。

课例2 《周长变辨辨》

课前思考：

"审辩式思维"一词来源于英语 critical thinking，一般也翻译为"批判性思维"。关于"审辩式思维"的定义有多种，但谢小庆教授认为很难而且不需要给"审辩式思维"下定义，只要理解其本质精神"不懈质疑、包容异见、力行担责"即可。

在现代社会，审辩式思维能力日益受到人们重视，是成为创新型人才的必备条件之一。正因如此，此种思维的培育也越发受到教育界的关注和重视。作为理科启蒙课程的小学数学，在教学中如何渗透审辩式思维、给学生种下"审辩"的种子，是需要一线教师不断实践探索的话题。

学生在三年级学习"周长认识"时往往会受"面"的干扰，不容易分清区域边界长短与区域大小两者之间的不同。在关于周长的新授课教学中经常会出现这样的材料，如叶子、书本、课桌、平面图形等等，这些都不可避免地带有"面"的因素，对学生建立周长的准确概念带来了一定的影响。教师可以在周长新授课后安排一节周长辨析的拓展课，在巩固所学的同时通过辨析质疑、交流表达来促进学生的审辩式思维的培育。

教学目标：

1. 经历用线连接正方形对角顶点所分成的两个图形周长是否相等的辨析活动，初步培养善于提问、敢于质疑、有理有据地论证自己观点的能力。

2. 在辨析过程中排除周长学习的干扰性难点，加深对周长概念的理解。在说理的过程中学会表达，能对他人观点的合理性进行审视，同时会反思自己的想法，促进理性思考，培养审辩式思维。

3. 在变式练习中凸显周长的本质，通过把三角形分成两部分周长相等的活动，体验策略的多样化。

教学过程：

一、独立操作，自主判断

师：谁来指一指这个正方形的周长在哪里？（出示一个正方形，如图6-37。）

（生上讲台用手指沿着正方形的边描了一圈。）

12厘米

图 6-37

师：现在我们要把正方形相对的两个顶点用一条线连起来，你会怎么连呢？想不想连一连？

生齐思考。

师：我们要比一比谁这条线连得有创意。请看活动导学单。

活动导学单

活动要求：

1. 在正方形相对的两个顶点之间连一条线，分成的两个部分分别标上A和B。

2. 思考：这两个部分的周长相等吗？如果不相等，哪个部分的周长大？

3. 思考判断的理由，如何表达你判断的理由？可以做一些简单的记录。

_____

_____

学生自主活动后反馈。

师：有自己的判断了吗？可能有哪些情况？

生：相等和不相等。

生：还有一种，就是——不能确定。

师：很好，那我们就把黑板分成三个区域：相等、不确定、不相等（边说边板书），将你的正方形贴在你认为的区域里。

（按小组顺序，学生依次上来将正方形贴在黑板上。）

[设计意图]在这一环节中，通过在正方形相对的两个顶点间连线的操作活动，学生独立分析判断所形成的两个部分周长是否相等，经历了一次基于原有认知的审辨。因学生对周长概念的理解存在差异，教师利用活动导学单充分展示了学生真实的想法，为后续展开深入的辨析反思提供了鲜活的素材。

二、不断聚焦，层层递进

在"不确定区域"的作品里选择一幅作品（见图6-38）。

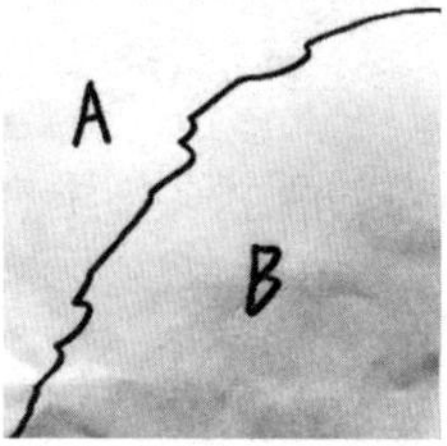

图 6-38

教师请每个学生进行判断，并通过同时举手表达意见，选相等的举左手，选不相等的举右手，仍然认为不确定的不举手，确定意见后分不同阵营互相说理。

师：哪个阵营先来说？

生：我觉得不相等，你看B明显要比A要多。

生：我也觉得B部分比A部分要大。

生：我反对，我觉得A部分和B部分周长是一样。

师：不好意思，打断一下，我们在说自己的判断时要说清楚理由哦，好，你们继续。

生：我认为是不相等的，你看B已经超过了正方形的一半，而A没有到一半，所以B比A要多。

生：我觉得是相等的，我来给你们描一下A的周长是这些部分，B的周长是这些，所以他们的周长是相等的。

（学生走到讲台前边说边拿着正方形纸用手指描。）

生：我觉得描的方法很好，大家一起来描一下，你就会觉得是相等的。

师：他提议我们描一下，来，大家都看着这个正方形，分别来描一描 A 和 B 的周长是哪些部分组成的。

师：大家描完了，现在请重新做出选择，如果选相等的请举左手，不相等的举右手，不能确定的还是不举，一、二、三，举！

师：大家看看，发现了什么？

生：选择相等的同学多了几个，但现在还是选择不相等的同学要多一些。

师：看来你们没有完全说服另一方，那就继续吧。

生：我觉得还是不相等，如果我们沿着中间这条线折一下，明显 B 要多。

生：我不同意，你们说 B 比 A 要多，你们比的是大小，我们现在要比的是周长。

生：我认为周长就是一样的，你看 A 的周长是由两条正方形的边和中间这条线组成的，B 的周长也是由两条正方形的边和中间这条线组成的，它们肯定是一样长的。

生：我觉得也是相等的，因为 A 和 B 的周长都由 3 条边组成的，而且 2 条是正方形的边，另外一条是大家都有的，肯定相等的。

师：大家又说了很多，那再来选择一次吧？（学生仍旧举手表达判断）有什么发现？

生：现在认为相等的同学多了很多，但还是有一些同学认为不相等。

师：那就继续说说理由吧。

生：我认为肯定是相等的，实在不行我们就算一下吧，正方形的每条边都是 12 厘米，但是中间这条边我们不知道长度。

生：中间这条用个图形表示吧，比如△，那么 A 的周长是：$12 \times 2 + \triangle$；B 的周长也是：$12 \times 2 + \triangle$。

生：中间这条线的长度用字母表示也可以，比如用 a，则两部分的周长都是 $12 \times 2 + a$，也就是 $24 + a$，所以一定是相等的。

师：我们再来表决一次吧。呀，现在只有 3 个人选了不相等。同桌再互相说一说理由。

师：现在有哪些同学要改一下自己的正方形所贴的位置？想改的上来。

（学生自由走上来将自己的正方形的所在位置进行调整。）

师：看看大家调整的结果，你们有什么想说的吗？

生：哇，大家都调整到相等的这一栏里了。

生：我知道为什么都是相等的，因为中间这条线无论怎么画都是两个部分共有的，所以周长一定是相等的。

师：非常好，那么我们看看哪些正方形是非常特殊的。

生：我觉得像这样对角直直地连起来是比较特殊的。

师：特殊在什么地方呢？

生：这样的 A 和 B 两个部分周长和面积大小都是相等的。

师：非常好，确实我们要分清楚辨析的是周长还是面积大小。

[设计意图] 在这个环节中，选择来源于学生的典型作品，通过学生独立思考判断后形成不同支持意见的阵营，充分展露了学生原有的认知，为后续不同阵营之间的互相说理辩论做了准备。在辨析的过程中，教师通过不断引导优化说理的方法，从"描"到"表述"再到"计算"，在层层递进的过程中，让学生感受到在辨析中聚焦问题、用好表达方式的重要性，积累了审辩表达的经验。从"个例"的辨析过渡到"整体"的辨析，学生初步体会到了由此及彼的审辩策略。

三、变中不变，辨析本质

师：如果把正方形变成长方形呢？结果会怎样呢？（课件出示图 6-39。）

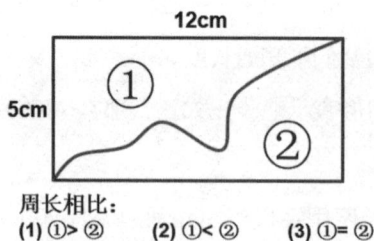

图 6-39

学生都没有疑问，认为周长相等。

师：如果再变成这样呢？又会怎样呢？（课件出示图6-40。）

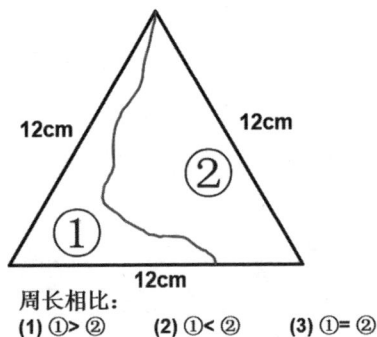

图6-40

师：用手指数量来告诉大家你的选择？一、二、三，举！

师：大家互相看看选择的情况，有什么想说的？

生：很多人选了3，也有一部分人选了1。

师：又有分歧了，怎么办呢？

生：可以互相说说理由。

师：好，那就选3的先来吧？

生：只是形状变成等边三角形了，跟之前是一样的。

生：中间这条边是大家共有的，所以一定是相等的。

师：那选择1的又是怎么想的呢？

生：你们看，这个跟之前不同，虽然说中间这条是一样的，但是剩下的周长不一样。

生：不同的就是底下这条边，从图上看，很明显就是①比②要大。

生：如果中间这条长度是 a，底下的左边为 b、右边为 c，则①是 $12+a+b$，②是 $12+a+c$，很明显 b 比 c 要长，所以①要长。

（学生表述完后，利用课件将两个图形分开。）

师：现在你们觉得呢？

生齐：①的周长长。

师：那如果①和②的周长要相等，这条线应该怎么连呢？请你们在活动导学单上的图形画一画。

（学生画完后教师展示部分学生的作品。）

师：这些同学画的你们同意吗？能用一句话来说一说这条线需要怎么画吗？

生：只要从顶点出发画到对边的中点就可以了，怎样的线都可以。

师：嗯，那现在我们来回顾之前完成的几次辨析（课件出示，见图6-41），你们发现什么？

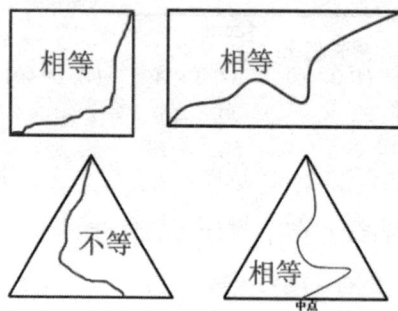

图6-41

生：我发现中间这条线无论怎么连都是两个部分共有的。

生：我发现中间这条线一定是相等的，如果要两部分周长相等的话，除了中间分割线外剩下的几条边也要相等。

师：嗯，大家都说得很好，要保证周长相等，确实要考虑到这两方面的因素。

师：如果图形再变化一下，变成这样，你能画出一条线把它分成周长相等的两部分吗？

出示活动导学单。

活动导学单

1.独立思考：从一个顶点出发画一条线，把三角形分成周长相等的两部分，这条线可以怎样画？

2.四人小组交流：有没有成功的方法？为什么会成功呢？方法是唯一的吗？

3.准备汇报。

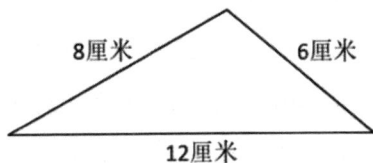

学生活动完后汇报。

师：哪些小组已经有成功的方法了，愿意来分享一下。

生：我们想到了一种方法，从最上面的顶点出发，画到底边左边是 5 厘米，右边是 7 厘米的地方，这样左边这个部分周长是 8+5+ 公共边，右边是 6+7+ 公共边，所以是相等的。

师：跟他们想法一样的举手，你们怎么会想到这样画的？

生：我们这样想的，8 厘米这条边比 6 厘米这条边多了 2 厘米，画上去的这条边肯定相同，所以只能在分 12 厘米这条边时少分 2 厘米。

生：我们组有另外一种方法，从左边的顶点出发，把 6 厘米分成 1 厘米和 5 厘米，因为 12 厘米比 8 厘米多 4 厘米，所以分 6 厘米的时候也要相差 4 厘米。我们验证过了是成功的。

师：真是太棒了，因为时间关系，课后大家可以再思考一下还可以怎么分。

［设计意图］在这个环节中，教师改变了辨析素材的呈现、表达方式，在逐渐提升辨析的难度，促使学生从只关注公共边过渡到同时关注剩余线段的长度，从等边图形到不等边图形。在层层递进的过程中，学生慢慢地辨清了周长的本质，逐步摆脱了形的干扰。在整个辨析的过程中，教师由易及难、由浅入深，不断在学生的最近发展区创设辨析任务，在辨析知识本质的同时也追求审辨的本质，锻炼了学生不懈质疑、深入思考的思维品质。

课后反思：

在小学的数学课堂中，学生如何能审善辨？他们需要挖掘易于思辨的素材，积累辨析的方法，学会交流表达的方式，在"变""辨""辩"的过程中加深对知识的理解，进而形成良好的审辩品质。使学生在理解数学知识的同时，"审辩式思维"不断得到锻炼和提升。

1. 巧用认知冲突，生成审辩素材

在数学课堂上，教师可以利用学生原有认知与数学知识之间的差异，将认知差异转化为思考冲突，再由冲突制造可供审辩的素材。素材的积累是有效开展审辩课堂的重要前提，素材来源于学生的思考冲突，接近于学生的最近发展区，有利于课堂中审辩活动的有效推进。

在本课中，教师充分利用了学生原有的认知状态，用合适的手段制作冲突，利用活动导学单将真实的思考进行呈现，通过具体的情景展现了学生对周长这个概念的理解程度，产生了可供集体辨析的素材。

2. 强调有理有据，积累审辩方法

在数学课堂上培养学生的"审辩式思维"，除了要有来源于学生的易于辨析的鲜活素材，还应给予学生审辩方法的指导，锻炼他们的审辩的能力。

一方面，要提升学生聚焦问题的能力。只有清晰地明确所辨析的问题，才能让辨析具有方向性和目标性，展开的辨析才会有价值。在教学中，教师要创设恰当情境，不断地将辨析的问题循序渐进、层层推进，在抽丝剥茧的过程中锻炼学生排除干扰、聚焦问题的能力。

另一方面，要提升学生清晰表达观点的能力。在辨析中，学生需要通过交流表达来互相启发碰撞，交流表达的方式方法很多，可以是口头表达，也可以是书面表达，书面表达可利用算式、图示等载体，每种表达方式都有自身的优势，学生需要在实践中积累并掌握这些表达的方式方法，有理有据地表达观点，从而增强审辩的能力。

3. 寻求素材变化，锻造审辩品质

在培养学生审辩式思维时，促使他们形成审视、思辨的习惯很重要，所以辨析的素材需要有一定的变化。素材的变化必须与辨析的主题保持一贯性，这样就可以改变呈现或表达形式，在变化中不断打破原有的思维定式，从而使学生形成良好的质疑、思辨的品质。

在本节周长拓展课的第一板块辨析环节中，学生已经明晰了周长和大小的区别，理解了在正方形的两个相对的顶点任意连接一条线，形成的两部分周长相等。但如果只辨析到这一层次，审辩的挑战还不足，学生对知识的理解也不够到位，教师还需要通过不断变化审辩对象，在破立结合的辨析过程中，促进学生形成对周长相等的深刻认知。

课例3 《圆与正方形》

课前思考：

"圆与正方形"是浙教版《数学》六年级上册的一节活动拓展课，是在学生已经掌握了正方形与圆面积计算方法基础上进行学习的。本课的核心任务是探索圆与圆内接正方形、圆与圆外切正方形的面积关系。如何激发学生的探究兴趣？如何在探究过程中感受不完全归纳与演绎推理的不同以及各自优势？如何处理好两个探究内容之间的详略关系？这些都需要教师在教学中进行思考并加以实践。

1. 如何激发探究的兴趣

本课是探究圆与内接正方形、外切正方形之间的面积关系。应该说学生已经具备了一定的探究能力和意识。要激发起他们探究的兴趣，需要创设一定的情境，让学生感受到探究的必要性。探究的问题应来源于学生，从提出问题自然延伸到解决问题，这能增强他们探究的主动性，让更多的学生积极参与到探究的过程中来。

2. 如何感受推理的严密

在之前的学习活动中，学生已经积累了较多不完全归纳推理的活动经验。在本课中，应让学生感受到不完全归纳推理的局限性，感受到演绎推理的严密性。学生要在引导探究环节中进行审辩比较，在交流探讨的过程中感受两种方式的不同，从而对推理有更丰富的经验积累。

3. 如何实现方法的迁移

本课需要探究两个内容，如果两个内容平均分配时间，则学生得不到深入体验，不利于真正掌握知识。教师需要重点展开引导对圆与圆外切正方形的面积关系的探究，在这个过程中，学生将学会探究的方法、表示的方式、应用的要求等。然后，教师在引导探究圆与圆内接正方形的面积关系时进行正迁移，从而促使学生实现高效率的探究、真正理解掌握知识。

教学目标：

1. 学生通过自主探索，了解正方形与正方形内最大的圆以及圆与圆内最大正方形的面积关系，并能运用这种关系解决问题，从而提高解决问题的能力。

2. 通过经历研究数学问题的过程，了解研究问题的基本方法与思想，提升探究问题的能力。

3. 通过学习活动，体会探究数学知识的乐趣，体会获取成功的喜悦。

教学过程：

一、引入并提出问题

1. 课件展示画图过程（见图6–42）。

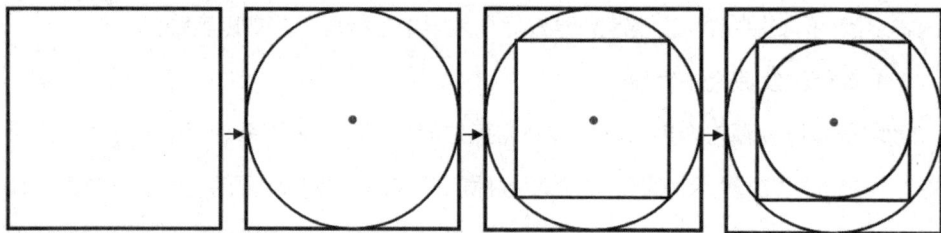

图 6–42

请学生用语言来说一说画的过程。

生：先画一个正方形，然后在正方形内画一个最大的圆，再在圆内画一个最大的正方形，最后在正方形内画最大的圆。

师：为什么你们认为这是最大的？

生：再画大一点就会超过边界。

师：那么这幅图能画完吗？

生：不能画完。

师：为什么不能画完？

生：因为每一个正方形内都能找出一个最大的圆，而每一个圆内也能找到一个最大的正方形，这个正方形或圆可以无限大也可以无限小，所以是画不完的。不但能往里面画，还可以往外面画，也是画不完的。

根据学生的表述最终在屏幕上形成下图（见图6–43）。

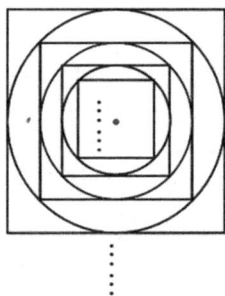

图 6-43

师：能提出什么值得研究的数学问题？

学生提出的问题：相邻的正方形和圆之间的面积有什么关系？最大的正方形与第二大的正方形面积有什么关系？相邻的两个圆面积有什么关系？……

师：这些都是非常值得研究的问题，我们可以从研究下面两个问题入手：正方形与正方形内最大的圆面积有什么关系？圆与圆内最大正方形的面积有什么关系？

［设计意图］在引入环节，教师从利用圆和正方形画图入手，让学生感受到了无限的思想。同时试图让学生感受到在任意大的一个正方形内都能找到一个最大的圆，在一个任意大的圆内都能找到一个最大的正方形，这种圆与正方形的关系是带有普遍性的。这样，就让学生自主提出了数学问题，激发了他们的探究兴趣。

二、研究正方形与正方形内最大圆的面积关系

1.讨论如何研究。

师：我们先研究正方形与正方形内最大圆的面积关系，可以怎么研究呢？

生：可以举个例子算一算。

师：可以假设什么是已知的？

生：可以假设圆的半径是已知的，那么正方形的边长也知道了，它们两个的面积都可以计算了。

请每个学生举一个例子试一试。

2.小组合作，尝试探究。

师：举了一个例子后能发现关系吗？

生：还不能。

师：可能是什么原因？

生：一个例子带有偶然性，而且也不方便观察关系，多举几个可能就能发现关系了。

师：上课时间有限，想在短时间内得到多个例子，有什么好办法？

生：利用小组的力量，每个人举了1个，合起来就是4个例子。

教师出示活动导学单。

活动导学单

活动要求：

1.小组内每人尝试举例，时间多的可以多举几个例子，汇报并将数据汇总在组长的导学单上。

正方形的边长 /cm					
圆的半径 /cm					
正方形的面积 /cm²					
圆的面积 /cm²					
正方形与圆的面积的关系					

2.组内讨论：它们有什么关系？如何说明这种关系一定成立？

3.准备汇报

4人小组活动，结束后反馈。

将学生探究的结果通过实物展台进行展示。

先请学生介绍他们的探究过程，有的组发现正方形与圆的面积比是4：π，有的小组发现的面积比是200：157。讨论后明确π取值3.14化简后结果是相同的。

师：为什么你们都是用比来表示它们的关系？而不是用和或者差来表示？

生：因为和或者差都是在变化的，而正方形与圆都是同时扩大或缩小的，所以想到用比来表示，比是不变的。

[设计意图]通过这个环节，以活动导学单为载体，教师意图让学生经历不完全归纳的推理过程，让学生感受到当碰到一个值得研究的数学问题时，举例是一种很好的尝试探究的方法，而多个例子可以帮助我们更方便地发现某种规律。当在观

察两个量的关系时，可以从不同的角度进行思考，可以是两个量的和或者差，也可以是两个量的积或者商，但要考虑用恒定的、不变的关系来表述，所以这里用比来表示两者的关系是合理的。

3. 验证结论。

师：我们很多组都有相同的发现，就是正方形与正方形内最大的圆面积比是 $4 : \pi$，刚才导学单中还有一个问题，就是思考这个结论是否一定成立。

生：我们举了这么多例子都是成立，所以一定是成立的。

生：我觉得不一定，因为数是有无限多个的，我们只是举了其中的一小部分，况且那些我们没有举过的例子里面只要有一个不成立，结论就不成立了，所以我觉得我们还不能非常肯定地说结论一定成立。

师：看来，这是我们通过举例后得出的一个合理的猜想，那你们有什么好的办法能说明这个结论一定是成立的。

生：可以设一个字母，比如说设圆的半径为 r。

师：你们认为他的方法好在什么地方？

生：字母可以代表任意的数。

生：用字母来表示的话，就相当于把所有的例子都举完了。

师：那么每个人都用字母来试试看，能不能得出这两个图形面积之间的关系？

学生在活动单上独立进行推算，反馈：

正方形面积 $=2r \times 2r=4r^2$，圆面积 $= \pi r^2$，正方形与圆的面积比为 $4 : \pi$。

师：能在图上找出 $4r^2$ 吗？

生：将正方形平均分成 4 份，每一份是边长为 r 的正方形，面积为 r^2，所以正方形的面积就是 $4r^2$。

学生边表述教师边通过课件进行动态演示（见图6-44）：

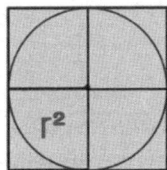

图 6-44

师：从图上我们也可以直接看出正方形和正方形内最大圆的面积关系是 4：π。

[设计意图] 通过讨论，学生感受到不完全归纳推理的局限性，只要能找出一个反例，这个结论就不能成立。所以在举例并得出合理的猜想后还要试着证明这种猜想是成立的。用字母推导的方法是一种演绎思路的推理方法，在之前的学习中，学生经历得比较少，通过这个环节的尝试，学生对演绎推理有了感性认识，而且对这种推理方式的优势有了较为深刻的理解。

4.练习运用。

出示题目：如下图（见图 6-45）已知空白部分的面积 16π 平方厘米，那么正方形的面积是多少？

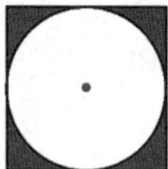

图 6-45

学生独立解决后反馈。

方法有 2 种：

第一种：16=4×4，r=4 厘米，（4×2）^{2}=64（平方厘米）

经过讨论解释后明确，这是根据圆面积公式先判断出半径，然后再得出正方形的边长，计算出面积。

第二种：16π÷π×4=64（平方厘米）

经过讨论解释后明确，这是利用两个图形的面积比直接得出，方法更为简洁。

出示分割图（图 6-46）。

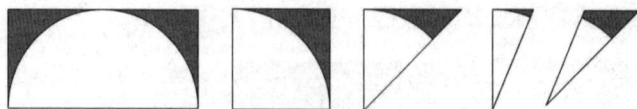

图 6-46

判断关系是否仍旧成立？前三幅图是成立的，最后两幅图不成立。学生通过比的基本性质加以解释理解。

思考：如何进行分割，使面积关系仍旧可以成立？

回顾使关系仍旧成立的分割方法后得出：通过对称轴均分，两部分的面积关系仍旧成立。

出示累加图（图6-47）：

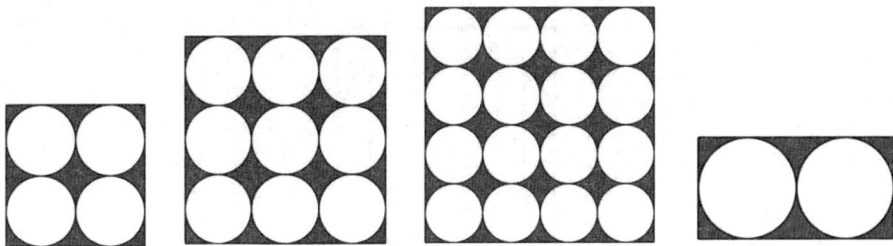

图6-47

请学生判断关系是否成立，并解释为什么成立。

[设计意图]在具体运用中，让学生熟悉正方形与正方形内最大圆的面积关系，而且让孩子意识到当结论一旦被证明成立后就可以直接进行运用。在图形的分割和拼合的过程中，让学生感受到其中的变与不变：图形是在变，但是关系没有变；而且无论是分割还是拼合，要让这种比的关系保持不变的话，都会有一定的限制条件。

三、研究圆与圆内最大正方形的面积关系

师：现在准备如何研究这个问题？

生：直接假设半径为 r 来推算。

师：但是正方形的面积很难算，谁有好方法？

生：将正方形平均分成4份，每一份就是一个直角三角形，直角边长度是 r，这样就能计算面积了。

学生独立尝试推导。

汇报：圆的面积 $= \pi r^2$，正方形的面积 $= r \times r \div 2 \times 4 = 2r^2$，圆与正方形的面积比是 π ： 2。

教师引导学生在图上找出 $2r^2$。

[评析] 有了之前的探究经验，当探究圆与圆内最大正方形面积关系时，学生非常自然地想到了可以用设字母的方法进行推算。让每个孩子独立地尝试进行一次完整的推理过程是非常有价值的。

四、回顾提升

1.回应课开始时学生的提问。

如下图（图6-48），大正方形面积与小正方形面积有什么关系？

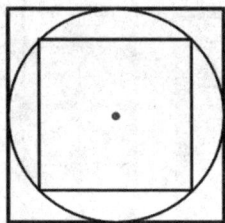

图 6-48

通过讨论得出：大正方形与圆的面积比是 4 ： π ，圆与小正方形的面积比是 π ： 2，通过圆的传递，大正方形和小正方形的面积比就是 2 ： 1。

2.还能知道什么？还有什么问题？

出示课程开始时给出的图（图6-49）。

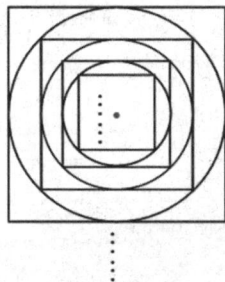

图 6-49

再观察这幅图，还可以知道什么？还可以研究什么问题？

学生反馈：

（1）可以知道两个相邻的圆的面积关系，大圆是小圆的2倍。

（2）只要告诉两个图形的位置，他们的面积关系都可以通过这种传递关系表示出来。

（3）还可以研究周长有什么关系。

……

[设计意图]判断两个相邻正方形面积关系的过程，是对课开始时学生的提问做出回应，并让学生意识到判断面积关系还可以通过中间相等的图形进行传递。当学生再完整地看整幅图时，与课开始时看这幅图肯定有不同的感受，教师让学生体会到这张图中任意的两个图形的面积都是有一定的关系，只要通过这节课探究的正方形与正方形内最大圆的面积关系和圆与圆内最大正方形的面积关系综合来推算就可以解决了。同时，也给学生课后留下了充分思考探究新问题的空间。

课后反思：

本节课是一节探究型拓展课，在学生具备基本的探究能力和兴趣的情况下，教师利用活动导学单给予学生充分尝试研究的机会，课中强调了数学思考方法的渗透，以及方法运用迁移能力的培养，使学生在掌握知识的同时提升了数学能力。

1.在活动中感受数学思想方法

数学思想方法的培养对于学生数学能力的提升起到了至关重要的作用。数学思想方法的渗透与培养不可能一蹴而就，需要平时在课堂上不断感受和体验。探究型拓展课是感悟数学思想方法的好载体，课中所探究的知识结论并不是本课最主要的价值，更重要的是得出这些结论过程中所蕴涵的数学思想方法。

本课中有多个环节的设计都渗透了数学思想方法。在引入活动中，学生感受到这样的图是可以永远画下去的，体会了极限的思想。在探究正方形与正方形内最大圆的面积关系的活动中，教师利用活动导学单进行尝试记录，让每个学生参与到探究活动中，感受不完全归纳推理的价值及局限性，初步体会严密的演绎推理思想。在运用正方形与正方形内最大圆的面积关系解决问题的活动中，学生感受到图形的变与关系的不变，并通过一个特例的辨析，使审辩思维得到了潜移默化的培育。在探究圆与圆内最大正方形的面积关系的活动中，学生认识到可以迁移之前探究正方形与正方形内最大圆的面积关系的方法，体会类比推理的思想。

2. 在分享中提升交流表达能力

数学表达能力是指通过口头或书面的数学语言将自己对于数学的思维、认识和理解叙述出来使他人明了的一种能力。《义务教育数学课程标准（2011 版）》在总目标中提出："在参与观察、实验、猜想、证明、综合实践等数学活动中，发展合情推理和演绎推理能力，清晰地表达自己的想法。"由此可见，数学交流表达能力的培养应该渗透在学生亲自参与的数学活动中，在活动中产生表达的愿望，在推理思辨中学会表达的方法、完善表达的逻辑。

本课让学生充分经历探究活动的过程，在过程中体会不完全归纳推理和演绎推理的特点和价值，在差异分享的过程中表达自己的思考过程和观点。通过小组交流、全班交流、师生对话、质疑反思等形式，学生获得充分交流表达的机会，在实践中提升了表达的能力。教师以活动导学单为载体，收集学生之间差异化的实例，为学生发现规律、表达规律提供帮助，提升他们的口头表达能力，并进一步让学生在活动导学单上进行字母表达式的推导，使他们积累了数学书面表达的经验。整节课中，学生交流表达的锻炼是充分的，有一定的成效。

6.3 复习课中活动导学单运用案例

复习课是小学数学教学中常见的课型，根据复习的时间节点不同，可以分为单元复习、期末复习和毕业复习。三类复习课由于在复习知识点的多少与学生遗忘程度上有差异，所以在设计上会有不同的侧重。单元复习在设计上需要关注在有效巩固所学知识的同时适当进行扩展，使知识和内容变厚实；期末复习需要重点关注理清知识脉络，建立知识间的联系；毕业总复习则需要重点关注知识结构的提炼。无论哪类复习课，对学生学习所起到的作用都是相似的：（1）对已学知识的查漏补缺；（2）促进知识的系统化；（3）对知识有新的认识；（4）提高综合运用知识的能力。

在复习课中，利用活动导学单可以有效地暴露学生在知识形成上的缺漏，并能利用学生间的差异，组织开展有效的复习活动。活动导学单在整理回顾、查漏补缺、拓展提升等各个复习环节均能运用，使用得当可以提高复习效率、增强复习效果。本节将呈现部分在项目实施过程中尝试的复习课，供读者们讨论交流。

课例 1 《角的知识整理与复习》

课前思考：

"角的知识"是人教版《数学》四年级上册第三单元学习内容，包括角的概念、量角画角、角的分类、角度计算等相关知识，本单元的知识点比较集中，相互之间的关联紧密，有较多操作技能类的知识。面对这样的单元，如何进行单元复习课教学，在复习中如何真正做到有效的梳理知识、查漏补缺、拓展提升，需要教师进行精心的设计。

在整理知识环节如何回顾复习操作技能类的知识？如果只是让学生回忆、罗列知识点，则效果一般。教师需要设计具有贯通性的练习，在练习的过程中让学生回忆激活知识、感悟知识之间的联系，从而形成与解决问题经验相联系的知识结构。在查漏补缺环节，教师要对学生最容易出现问题的知识点做出预设，并找到相应的练习帮助学生解决易错点，从而使他们巩固知识。在拓展提升环节，教师可以依据学生的最近发展区，帮助他们在知识的广度和深度上进行一些突破。

教学目标：

1. 能在解决问题的过程中回忆起角的相关知识，并能对知识进行简单的梳理。

2. 通过复习，能进一步掌握角的概念、角的分类、量角、画角等基本知识和技能，会用一定的方法计算角的大小。

3. 通过分层练习使不同层次的学生能得到不同程度的发展。

教学过程：

一、解决问题，整理知识

师：今天我们要复习角的相关知识，你能回忆一下吗，怎样的图形叫作角？

生：由两条射线组成的是角。

生：不太精确，应该是由一点引出两条射线就形成了角。

教师在黑板上出示角的概念：从一点引出两条射线所形成的图形。

师：请先判断下面图形哪些是角，用√表示，如果是角判断它是什么类型的角（课件出示，见图6-50）。

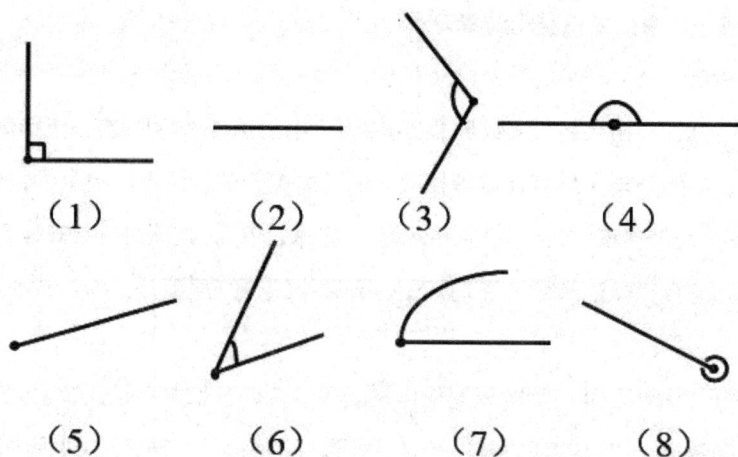

图 6-50

反馈:不是角的请学生说理由,并依次判断角的类型。(学生回答略。)

电脑演示活动角,一边不动,另一边旋转,让学生发现旋转到达的区域不同,形成角的类型也不同,并在这个过程中感受到锐角、钝角都是一类角,直角、平角、周角是分界线,是一个角。

师:在上面的角中选择一个锐角或钝角来测量一下度数,并在空白处画一个95°的角。

展示错例。

师:请判断,并说理由。

生:画错了,要求画95°角,这个同学画的角90°都不到,肯定错了。

生:我猜测他肯定是内外圈读数看错了,所以95°画成了85°了。

师:很好,那有没有什么好的方法可以避免这样的错误呢?

生:一定要分清楚内圈和外圈,如果角的一边与内圈的0刻度重合,则用内圈读数;如果角的一边与外圈的0刻度重合,那么就用外圈读数。

生:还可以先判断一下角的类型,如果是个锐角量出钝角的度数,那肯定就错了,钝角量成锐角也一样。

[设计意图]在整理知识的环节，教师通过一组问题串，将角的概念、角的类型、量角画角进行了回顾复习，并由回顾概念引出是否是角的判断，再判断其类型。再由动态角的演示让学生明白角的类型区分，感悟锐角、钝角是一类角，直角、平角、周角是一个角。在画角时，应选择学生易错的接近90°的角进行尝试，从而对内外圈读数错误进行辨析，回顾量角器的使用方法。

二、查漏补缺、提升能力

（一）基础巩固

出示实物钟面。

师：现在请大家想象一下，从中午12点开始接下来的几个整点，时针和分针形成的角会是怎样的呢？教师边拨动钟面边让学生判断。

1点，什么角？2点呢？3点……6点呢？

师：大家看，有一个钟面的时针、分针、秒针形成了这样一个图形，老师已经把它画出来了，你能数一数它有几个角吗？能量一量每个角是多少度吗？（课件出示钟面并渐渐隐去背景，见图6-51。）

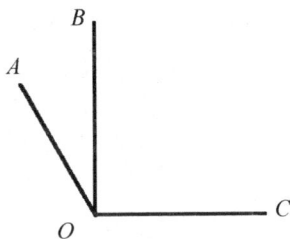

图 6-51

出示活动导学单。

活动导学单

活动要求：

1.独立完成下列学习任务：数一数下图中有几个角，并利用量角器测量出每个角的度数。

2.同桌两人交流，校对答案，并思考是不是需要每个角都量出度数？

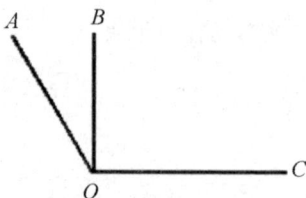

请学生进行汇报。

师：一共有几个角？

生：2+1=3，3个角。可以分类数，AO边出发的有2个，BO边出发的有1个。

生：也可以看单独一个角的有2个，由两个角拼起来的有1个。

师：你们测量了几个角呢？用手势告诉大家。

有的学生测量了3个，有的学生测量了2个，有的学生只测量了1个。

师：为什么测量1个也可以呢？测量的是哪个角呢？

生：只量∠AOB是30°，就可以把另外的角算出来了。可以用直尺上的角去比一下∠BOC，发现是直角，是90°。∠AOC=∠AOB+∠BOC=30°+90°=120°。

总结：有时候我们可以通过计算来得到角的度数。

（二）变化拓展

师：这种通过量个别角，再通过计算而得到其他角的角度的方法，你会用了吗？现在图要发生变化了，请大家仔细看。

变化1

课件出示：将AO延长，变化为下图（见图6-51。）

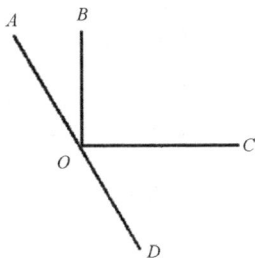

图 6-51

师：比较一下跟第一幅图有什么不同呀？

生：AO 延长了。

师：那现在有几个角呢？你是怎样判断的？

生：现在有 6 个角，由 OD 边出发有 3 个，由 OC 边出发的有 2 个，由 OB 边出发的有 1 个，3+2+1=6（个）。

生：可以分类数，单独一个角的有 3 个，两个角拼起来的有 2 个，三个角拼起来的有 1 个，3+2+1=6（个）。

生：也可以看新增加的有几个，新增加的是 OD 这条边，增加的角有 3 个，加上原来的就有 6 个。

师：新增的角各是多少度呢？你能不能很快地计算出来呢？

同桌讨论，汇报。

生：新增的三个角其中∠AOD 是平角，等于 180°，∠COD=180°－∠AOC=180°－120°=60°，∠BOD=180°－∠AOB=180°－30°=150°，这样三个角都知道了大小。

生：∠COD 知道后，也可以用∠COD+90°计算出∠BOD 的度数。

总结：利用平角去减去一个角的度数就得到了剩下这部分角的度数，是计算角中比较常用的方法。

变化 2

课件出示：将 BO 延长变化为图 6-52：

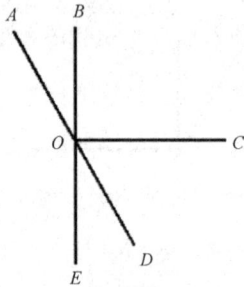

图 6-52

师：你能很快地说出∠EOD 是多少度吗？

生：可以，∠EOD 与∠AOB 的度数都是 30°。

师：怎样想的?

如果学生说不出是对顶角，则教师引导学生一同来认识对顶角，并理解对顶角为什么会相等。如果学生都知道是对顶角，那就请同学来交流对顶角为什么会相等。

因 为 ∠AOB=180°－∠BOD，∠EOD=180°－∠BOD，所 以∠AOB=∠EOD。

思考：此图中还有没有其他的对顶角了呢?

[设计意图] 在这个环节中，通过钟面上形成的图形，教师引出简单的量角和数角的任务，进行复习巩固。在巩固的同时，利用活动导学单将学生之间的差异方法进行呈现，让学生感悟角的大小不一定靠量角器去测量，也可以利用一些已知的条件去计算。在此基础上进行了两次变化，在两次变化中教师分别对计算角的方法、对顶角相等这两个知识点进行拓展。这两次拓展遵循了学生的最近发展区，是将之前的知识综合运用而获得的，易于学生接受理解，从而有效提升思辨能力。

三、分层练习，差异提升

师：活动导学单上有两组题，请按照导学单的要求选择完成相应练习。

出示活动导学单。

活动导学单

活动要求：

1.请根据自己本单元的学习情况，在 A 组和 B 组题内选择一组完成，A 组比 B 组题要容易一些。

2.完成后，四人小组内进行交流。如果组内有选择 A 组的同学，请完成 A 组的同学先进行汇报，其他同学判断；之后选择 B 组题的同学汇报，有困难的题目互相交流。

3.准备汇报，汇报 A 组题中容易错的题目，B 组题中可能有困难的题目。

A 组题：

1.判断

（1）大于 90 度的角叫作钝角。　　　　　　　　　　　　　　（　　）

（2）用放大镜看 45 度的角，角变大了。　　　　　　　　　　（　　）

（3）一个平角一定小于两个钝角之和。　　　　　　　　　　　（　　）

（4）平角就是一条直线。　　　　　　　　　　　　　　　　　（　　）

2.按要求画角：∠AOB=85°

3.计算出下列各个角的度数，写出计算过程。

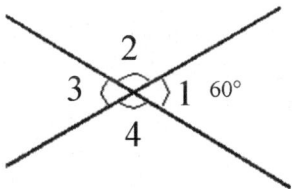

∠2＝

∠3＝

∠4＝

B 组题：

1. 下图中有多少个角？

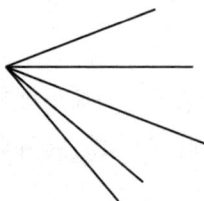

（　　　　）个

2. 如图，∠1=60°，计算出其他各角的度数。

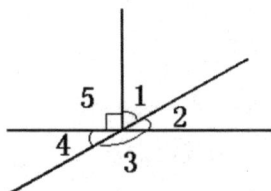

∠2=

∠3=

∠4=

∠5=

3. 你能不量就能算出它们的度数吗？

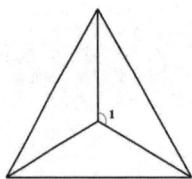 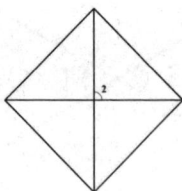 

∠1 =（　　　）　　　　∠2 =（　　　）　　　　∠3 =（　　　）

组织反馈：重点反馈 A 组题中的易错点，以及 B 组题中的第 2 题和第 3 题的思考过程。

[设计意图] 教师通过活动导学单将有层次的练习进行呈现，学生根据自己的情况自主选择完成，充分尊重了学生的差异，使每个学生都有机会在原有的基础上进一步提升。在反馈过程中，简单的问题在小组内交流并解决易错点，复杂的问题在小组内交流探讨，再进行最后的整体反馈，这样不但可以有效地帮助学生巩固知识，而且使他们对正三角形、菱形、正五角星形的中心角是周角 360° 均分得到的这一知识进行拓展，在思考变与不变的过程中感受到数学的美妙。

课后反思：

本节复习课最大的特点就是尊重学生的原有认知，有层次地进行巩固复习，让不同的学生有不同的收获，让每个学生在复习课中找到适合自己的路径。教师通过多次个体思考、合作交流、集体反馈的形式，尊重学生的差异，提高了复习课的针对性和有效性。

1. 基于问题解决的回顾整理

复习课的基本功能主要有三个方面：知识整理，形成结构；查漏补缺，认知矫正；综合拓展，提升能力。其基本的任务是对知识进行系统整理，形成良好的认知结构。知识整理的常用课堂操作方法有两种：一是充分发挥学生的主观能动性，通过罗列知识点、建立知识联系来进行；二是通过设计具有贯通性的练习，让学生在练习中感悟知识间的联系，从而形成与问题解决经验相联系的知识结构。当然，这两种方法都是学生复习所需要的有效方法，并没有优劣之分。这节课根据本单元知识的特点，采用了后一种形式进行整理回顾，通过解决问题来回顾整理知识，形成知识网络。

2. 基于差异变化的能力提升

通过钟面上的一组角形成的图形，教师由测量角的大小引出计算角度的问题，并由此生发变化出更深层次的两个题组，把对数角的有序思考结合进来。教师还利用了等量减等量的思想，渗透了对顶角的准形式化证明。在这个过程中，教师有效地利用了活动导学单这个载体，将学生之间的差异充分呈现出来，并以此作为课堂讨论交流的素材。学生经历了拓展变化的过程，积累了探究活动的经验，在互相探讨的过程中，加深了对知识的理解，提升了运用所学知识解决问题的能力，为后续学习更深层次的关于角的知识打下了基础。

3.基于分层练习的巩固拓展

因为学生本身对知识学习的掌握程度不同，运用知识的能力也有明显差异，所以在复习课中如何让学生进行适合的练习是非常重要的。本课中，教师利用活动导学单将分层练习进行合理呈现，学生根据自己的能力选择适合自己程度的练习，在保证练习效果的同时也提升了学生的参与性。而不同层次的题目又会成为班级交流探究的好素材：低层次的题组重点反馈易错点，并提出避免错误的策略；高层次的题目重点讨论题目背后所蕴藏的思想方法，加深对数学知识的理解。两个层次的题目相辅相成，让不同程度的孩子都能在练习及交流的过程中有所提升、有所收获，真正积累经验、提升能力。

课例2 《多边形的面积整理与复习》

课前思考：

"多边形面积整理与复习"是五年级上册的单元复习课，这个单元各个版本教材的编排基本类似，都会经历平行四边形的面积→三角形的面积→梯形的面积这样的学习历程，由单一的转化向多路径的转化递进。通过学习活动，学生积累了较丰富的图形面积公式转化推导的经验，掌握了一定的解决问题的技巧。

本课在设计时重点思考了几个问题：在复习课前学生原有的基础是什么？学生之间存在着怎样的差异？这些差异是否能够成为学习的资源？学生对该模块有何困惑？在应用中会出现哪些典型错误，如何利用学生的错例来完善认知与培养反思能力？……因此，本课在教学设计时，有意凸显以下两个方面：

1.设计前测了解学生。意图在于了解学生原有对于公式的理解和掌握情况，并将这些来源于学生的材料，作为课堂上交流讨论的素材，提升学生参与知识梳理的兴趣。学生通过不同观点的分享，对公式之间的联系进行多元理解，构建多维的知识网络。

2.注重对知识的理解。查漏补缺和拓展提升都是复习课的重要环节，可以达到温故而知新的效果。在这两个方面，本课均从学生实际出发，面对学生真实的困惑，以及恰当的提升点进行巩固和拓展，希望能在真正理解的基础上达到灵活运用。

教学目标:

1.学生能通过复习整理多边形面积的计算方法及面积公式的形成过程,多角度理解公式之间的联系,初步形成知识网络,减轻记忆负担。

2.学生能通过对典型题的辨析讨论,在真实情景中查漏补缺,自我反省,进一步巩固知识。

3.学生能通过在格点图中画图形的活动,加深对公式应用的理解,进一步巩固组合图形面积的计算方法,感知等积变形的思想。

教学过程:

一、反馈前测,整理沟通

反馈前测任务 1:通过 A、B、C 三点画出已经学过面积计算方法的图形,并计算面积。

出示课前收集的学生作品(见图 6-53)。

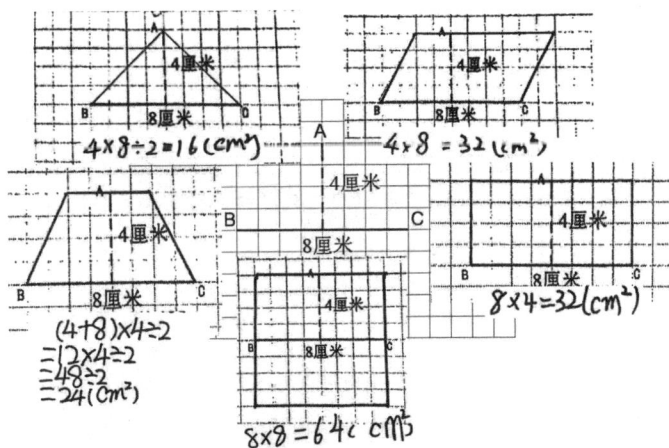

图 6-53

师:同学们画的这些图形是否符合要求?哪个图形是你没有想到的?你们能否回忆这些图形的面积计算公式,并说一说这些面积公式是如何学习的?

学生边表述,教师边将图形及公式贴在黑板上,并演示转化的方法。

师:长方形的面积公式我们是如何学习的?

生:数小方格。

师生一同回忆数面积单位得出长方形面积公式的过程。

反馈前测任务2：如果五个面积公式只能记一个，你会选择记哪一个？为什么？

师：猜一猜选择哪个图形面积公式的人数可能最多？

呈现班级选择人数情况统计图后，出示课前收集的具有代表性的学生作品（见图6-54）。

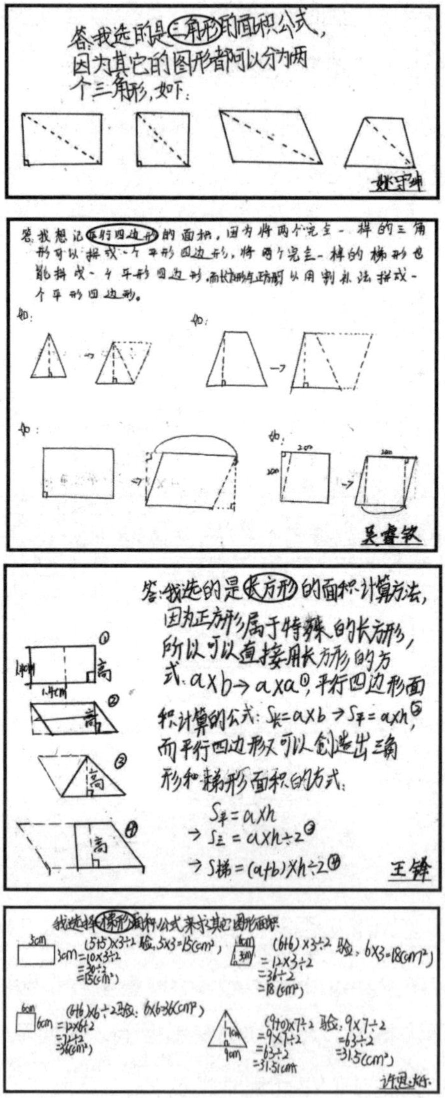

图 6-54

出示活动导学单，四人小组进行活动：

活动导学单

活动要求：

1. 组长分配任务：每人重点研究一份。

2. 独立思考：用简单的语言归纳同学的想法。

3. 小组交流，准备汇报。

以小组为单位进行汇报，其他学生或作品作者进行评价。

生：选三角形，其他图形都能分成两个三角形计算出面积。

生：选长方形的理由是它可以推导出其他图形的面积公式。

生：平行四边形，因为其他图形都可以转化成平行四边形。

生：选梯形的理由是根据它的面积公式可以计算出其他图形的面积。

对于学生不太熟悉的"用梯形面积公式可以计算其他图形的面积"进行全班尝试验证。再次出示图6-53，学生自主选择1~2个图形用梯形面积公式进行计算。

师：为什么梯形公式可以算其他图形面积呢？

学生边交流边想象，再进行动画演示，感受图形变化及公式变化的过程（见图6-55）。

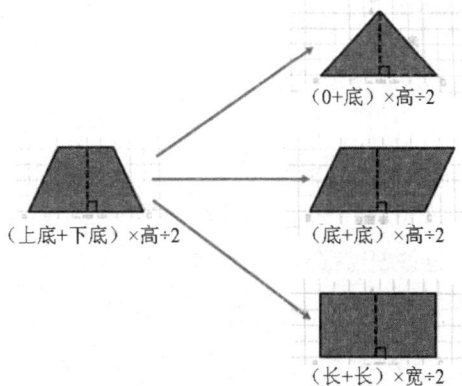

图 6-55

［设计意图］通过回顾前测的第一个任务，学生回忆公式并回顾公式学习的过程，巩固了转化的思想，并对长方形的公式来源于面积单位的度量有了再次认识。这些回忆的内容是每个学生都在学习中经历的，有较好的基础，对共性内容的回顾达成知识梳理的保底要求。通过回顾前测的第二个任务，学生分享不同角度思考面积公式之间联系的表述，通过互相之间的交流辨析，感悟公式之间联系的紧密性，形成对这些公式的整体认知，形成个性化的知识网络，并通过举例验证"梯形面积公式可以计算其他图形面积"，感受梯形面积公式的包容性。

二、查漏补缺，巩固知识

出示活动导学单。

活动导学单

活动要求：

1. 独立完成练习题，思考是不是每一题都可以解决。

2. 同桌互相交流，每道题目需要注意些什么。

(1) 已知三角形的面积为20平方分米，求高是多少分米？

(2) 求平行四边形的面积。
(单位:cm)

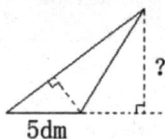

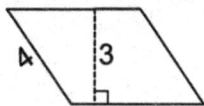

(3) 求梯形的面积是多少平方分米？

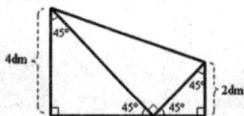

组织汇报，说一说这些题目都需要注意些什么？

生：第一题需要注意面积先要 ×2。

生：第二题底和高是没有对应，所以没法解决。

生：第三题两个三角形是直角等腰三角形，高就等于两条底的和。

师：第二题如果告诉我们什么条件就能解决这个问题了？如果这个梯形的面积

与平行四边形的面积相等，那能知道平行四边形的底是多少吗？（见图6-56）

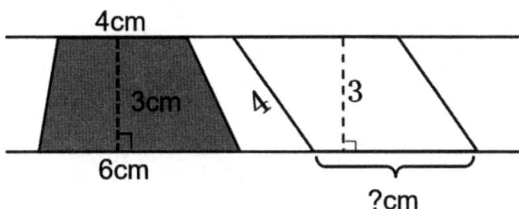

图 6-56

学生独立解决后反馈。

生：求出梯形的面积，通过面积相等，再求出平行四边形的底。

  算式：（4+6）×3÷2=15（平方厘米） 15÷3=5（厘米）

生：把两个图形都看成梯形，高相等，所以底的和也相等。

  算式：4+6=10（厘米） 10÷2=5（厘米）

师：谁能再来解释一下第二种方法？如果把这两个图形都沿对角线分成两个三角形的话，可以怎样思考？如果有一个三角形的面积与它们相同，高也相等，那么底是多少呢？

[设计意图]通过三道练习题的完成与反馈，学生在互相提醒和自我反思中，达成了对简单运用公式方面的查漏补缺。通过二次开发，教师将第二小题变成了低思维起点、多思考路径的开放题，从而让所有学生都能参与到思考和辨析中。通过交流碰撞，学生对公式之间的联系有了更为深入的思考，真正将公式的内部联系运用到了解决问题中去，增强了灵活运用公式的能力。

三、解决问题，加深理解

师：生活中的多边形多种多样、形状各异，我们学习了五个图形面积计算公式，你们觉得够了吗？

师：有的同学认为够，有的同学认为不够，我们需要一起来举举例了、研究研究。

出示活动导学单。

活动导学单

活动要求：

1. 请在下面的格点图上画一个多边形。

2. 同桌互相交换解决所画多边形的面积，并互相验证是否正确。

3. 同桌讨论：学习了五个图形面积公式是否已经够了？

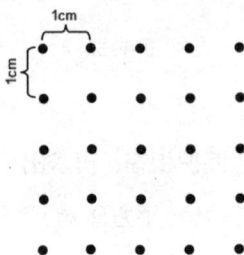

完成后反馈学生的作品（见图6-57）：

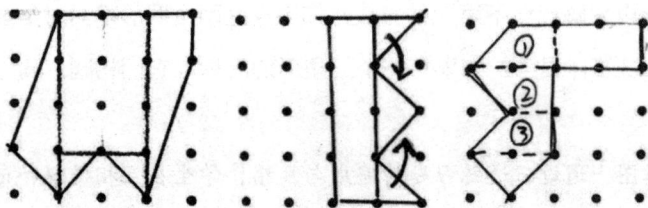

图 6-57

师：这些同学都解决了，他们用了什么方法？

生：可以用割或补的方法把不规则的多边形转化成规则的图形，用学过的面积公式解决。

继续反馈学生作品（见图6-58）：

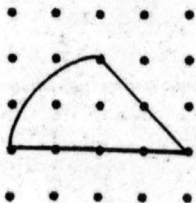

图 6-58

180

师：有同学给同桌画了这样的图形，能解决吗？

生：不能，只能估计出一个大概的结果。

师：后面还会继续学习什么？

生：圆面积计算公式。

教师也想参与，画了这样一个图形（见图6-59），大家愿意试着解决吗？

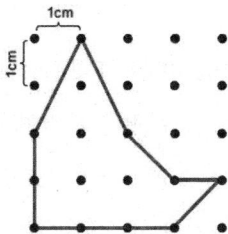

图6-59

学生独立尝试后反馈：利用分割的方法能解决，结果是8平方厘米。

师：有没有其他的解决方法？

生：最右下角的小三角形的顶点往下移就能变得简单一些。

生：左上方三角形的顶点往左移动，这样就变得更规则了。

教师演示动画（见图6-60）并提问：为什么可以这样移？移动的过程中，什么变了？什么没有变？

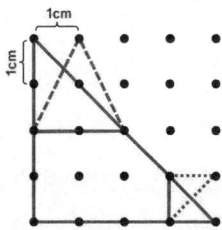

图6-60

交流后明晰：移动过程中，形状发生了变化，但三角形底和高都没有变，面积也没有变。

［设计意图］以"只学了五个图形的面积计算公式，够不够？"这一问题作为任务驱动，通过活动导学单，学生独立尝试举例并进行同桌交流讨论。在全班交流

中感悟：如果多边形的每条边都是直边时，通过割补转化是可以用已经学过的面积公式来解决；但当多边形中出现曲边时，没法精确计算，进而推测后续会学习圆的面积计算方法。学生通过举例分享、差异思辨，对为什么现在只学五个图形的面积公式有了更深入的理解。最后教师参与举例，通过不同思考路径的碰撞，对等积变形思想有了一定的认识和理解，让解决多边形面积的方式方法变得更为灵活。

课后反思：

回顾整节课，有以下三个方面可能对于如何上好一节单元复习课会有所启示。一是基于学生起点的回顾梳理，通过前测了解学情并成为整理知识的素材，增强学生参与的积极性和交流的针对性。二是基于学生错例的反思自省，通过辨析让思维可视，巩固学生所学的同时加深学生对知识的理解。三是基于能力发展的拓展提升，以开放问题作为任务驱动，提升兴趣的同时促进学生真正思辨领悟。

1.基于前测素材的沟通整理

整理知识是复习课的重要环节，能够帮助学生对某块知识有整体的理解和感悟，形成知识网络，减轻记忆负担。整理知识需要提供合适的素材，需要教师进行有心的设计，要提供基于学生认知经验的复习整理素材、要以具体的任务驱动整理复习。素材的产生可以在课上实时生成，也可以在课前利用前测产生。

本课中充分利用了前测中的两个任务，使整理的素材、聚焦探讨的问题都真实地来源于学生，在提升了每个孩子参与度的同时，也很好地将学生间的差异思考转化为了学习资源。通过第一个任务，"画图形算面积"，了解学生对这些面积公式的基本掌握情况，对共性的学习路径和方法进行回忆巩固。通过第二个任务，"只记一个公式记哪个"，将学生对于这些公式联系的理解充分暴露出来，成为课堂讨论的素材，通过活动导学单引导学生交流碰撞，互相辨析，加深对这些公式的理解，从之前线性的关联走向了多维的关联，从而对这些公式有了整体的认知。

2.基于错例反思的查漏补缺

查漏补缺是复习课的一个重要功能，查漏补缺的前提是要了解学生的薄弱点在哪里，然后采取有针对性的措施才会起到应有的效果。

在本课中利用活动导学单呈现三道练习题，将一些学生在简单运用公式方面常见的问题暴露出来，通过进一步对这些错误进行出声分析、回溯反思、同伴提醒等形式，对每个错误点分析并赋予一定的意义，提升反思、辨析能力。尤其是对底高不对应的平行四边形这题进行二次开发，教师通过"知道什么可以求出面积""知道面积相同的梯形可以怎么求平行四边形的底"这样的问题驱动，让学生体会灵活运用公式的价值。

3. 基于深度理解的拓展提升

单元复习课的拓展提升内容，都应该建立在学生实际的基础上，选择的拓展点应该处于学生的最近发展区，学生经过尝试和思辨后可以真正理解，这样的拓展往往能够起到真正提升能力的效果。

在本课的拓展环节中，充分考虑到了学生原有的水平。以"只学了五个图形的面积计算公式，够不够？"为问题驱动，利用活动导学单放手让学生尝试解决这个问题，通过多角度举例去理解为什么现在只学习了这样五个公式，如何利用五个公式解决一般的多边形面积问题。学生通过教师主动参与举例，在实际情景中尝试理解等积变形的思想，感受等积变形的优越性。

总之，在复习课教学中，教师心中时刻要有学生，了解学生的真想法、解决学生的真问题、提升学生的真能力，充分给与学生表达、交流、思辨的机会，在理解他人的同时不断提升自我，让生生之间"擦出火花、碰出智慧"，真正达成巩固知识、提升能力的目标。

课例3 《长方体与正方体整理与复习》

课前思考：

"长方体和正方体"这一单元是人教版《数学》五年级下册学习内容，涉及长方体和正方体特征、表面积和体积，同时还包含了容积的概念。知识点较多但联系紧密，对培养学生的空间观念、后续学习其他几何形体有重要作用。

本节复习课旨在通过对长方体和正方体知识进行全面系统的复习，帮助学生梳理知识，形成网络，减轻记忆负担，积累复习整理经验，进一步培养学生空间观念、综合分析问题与解决问题的能力。本课试图在以下几个方面有所体现：

1. 尊重学生在复习中的主体地位

学生是学习的主体，当然也是复习的主体，复习整理的过程就是将学生头脑中不清晰、无序的知识点串联起来，形成知识体系。让学生充分经历独立整理、分享交流的过程，对所学知识进一步理解，在理解的基础上减轻记忆负担。

2. 突出数学与实际生活紧密相连

长方体和正方体的相关知识在生活中经常运用，充分利用生活中常见的事物，创设问题情境，让学生在解决实际问题的过程中，巩固所学知识，增强解决问题的意识和能力。

3. 夯实基础的同时恰当提升能力

复习课的价值除了知识求联、查漏补缺外，适度地拓展提升也很重要。如何在复习过程中，让学生感受到有所进步，就需要设计好的习题。希望通过好问题的引领能够在发展学生空间观念的同时，提升思维能力。

教学目标：

1. 进一步理解并掌握长方体、正方体的特征及表面积、体积的计算方法，能运用所学知识灵活解决实际问题。

2. 通过知识网络的构建，学习梳理知识的方法，积累复习整理的经验，提高归纳整理能力。

3. 在整理和复习的过程中，进一步发展空间观念，积累空间与几何领域内容的学习经验。

教学过程：

一、梳理知识，形成网络

（一）交流梳理方法

课件呈现点动成线、线动成面、面动成体的动画。

师：点、线、面、体是我们学习图形知识中非常重要的元素。动画最后形成的是一个什么形状的物体？

生：长方体。

师：这是我们今天的主角，要复习已经学习过的长方体知识，可以从哪些方面来整理?

生：可以按照顶点、棱、面、体这些方面整理。

生：可以利用表格进行梳理。

（二）梳理长方体知识

师：请大家看活动导学单上的要求，先独立整理再进行交流。

活动导学单

1. 先独立思考学习过哪些跟长方体相关的知识，在表格中填一填。

2. 同桌交流，互相补充完善表格。

形状	顶点	棱	面	体
长方体				

请一组学生展示汇报（实物展台）。

其他学生进行补充，最后在课件中整理得到下图（见图6-61）：

形状	顶点	棱	面	体
长方体	8个	12条棱：相对的棱长度相等（长，宽，高）；棱长总和＝（长+宽+高）×4	6个面：都是长方形，相对面完全相同；表面积＝（长×宽+长×高+宽×高）×2	体积＝长×宽×高

图 6-61

师：怎么方便地去记忆这些知识呢？

生：我们可以利用特征来理解公式，比如因为相对的4条棱都相等，所以就有了棱长总和的计算方法。因为相对的面完全相同，所以有了表面积的计算公式。

师：确实，有意义的理解可以帮助我们记忆。

（三）梳理正方体知识

师：我们都知道正方体是特殊的长方体，说一说在哪些方面比较特殊呢？

生：它的棱每一条长度都相等，所以棱长总和等于棱长×12，体积就是棱长的三次方。

生：它的6个面是完全相同的正方形，所以表面积等于棱长×棱长×6。

师：因为正方体的每条棱都是相等的，所以相关的计算都可以变得简单些。

（教师通过课件出示正方体知识整理表格。）

［设计意图］利用活动导学单，引导学生从顶点、棱、面、体这四个方面自主地对长方体知识进行整理，尝试让学生理解特征与计算公式之间的联系，使学生原有的点状分布的知识连成片，减轻记忆负担。通过说一说正方体如何特殊，从而联系长方体的知识来理解正方体的相关知识，同时进一步理解正方体是特殊的长方体。

二、解决问题，查漏补缺

（一）加单位想物体

师：请给下面长方体或立方体的数据加上单位，并想象它可能是生活中的什么物品？（课件出示，见图6-62。）

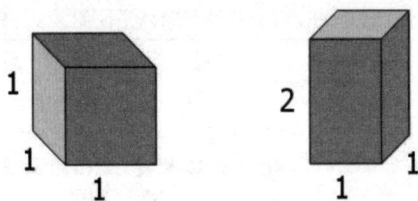

图6-62

师：同学说了之后，大家都要想一想是否合理。

生：正方体加分米，可能是个魔方。

生：长方体加米，可以想象成一个冰箱。

生：长方体加厘米，可能是一块橡皮。

生：正方体加厘米，可以是一块方糖。

生：长方体加分米，可能是一个电脑的机箱。

……

根据学生的回答，请全班进行想象判断。

师：想知道课件上是什么物品吗？

（课件出示，见图6-63）。

图 6-63

师：现在要加什么单位呢？

生：鱼缸加米做单位比较合适，饼干盒加分米。

（二）议问题辨难点

师：关于这两个物体有一些问题在你们的活动导学单上，你能帮助解决吗？

活动导学单

活动要求：

1. 先独立思考解决这两个问题。

2. 完成后小组里交流，解决这些问题需要注意些什么？

问题1：制作这样一个鱼缸至少需要多少玻璃？鱼缸最多能装多少升水？

_____

_____

问题2：饼干盒一周贴上标签，至少需要用多少纸？

_____

_____

学生活动后，教师通过投影展示一位学生的活动单，请其他学生进行评价、修改。

师：这两个问题中哪些地方是需要我们注意的？

生：鱼缸有五个面，计算的时候要注意。

生：问题问我们装多少升水，这里计算出的单位是立方米，还要乘1000化成升。

生：饼干盒是计算侧面的面积，上下两个底面不能算。

师：饼干盒的侧面积你们是怎么算的？

生：先用公式计算出表面积再减去两个底面。

生：先算出一个面的面积再乘4。

师：为什么可以这样算？

生：因为底面是一个正方形，所以4个侧面都是一样的。

生：还可以用 $1 \times 2 \times 4$ 来算侧面积。

师：什么意思呢？

生：侧面展开是一个长方形，底面周长就是长方形的长，高就是长方形的宽。

（教师利用课件动画将侧面进行展开，帮助全班同学理解。）

师：解决完这两个问题后，以后在解决类似问题时有什么要提醒大家的？

生：要看清题目意思，弄清楚到底要算几个面。

生：要注意题目中的单位，单位不一样要进行统一。

［设计意图］通过加单位猜物品这样一个开放的环节，增强了学习的趣味性和学生的参与度，同时通过多次的想象判断，培养了学生的空间观念。通过活动导学单，引导解决两个带有实际情境的问题，将学生的易错点暴露出来，在辨错议错纠错的过程中进一步查漏补缺。

三、巩固提升，发展能力

（一）思考最大的面

1.想象最大的面

师：王师傅想做一个无门的长方体木柜，其中的两块木板已经做好了，是这样的（课件出示，见图6-64）。

单位：dm

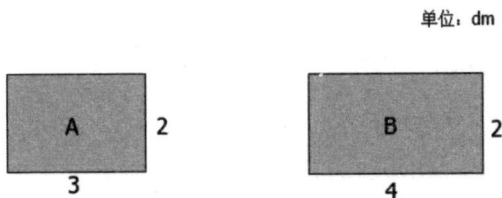

图 6-64

师：这个柜子最大的面是哪个面？

生：选 B 面，因为 B 面比 A 面要大。

生：我觉得不对，应该选 C 面。

师：选 C 面的同学举手。这里只有 A 面和 B 面，怎么会有 C 面呢？

生：把 AB 两个面拼起来，这样就会有 1 个 C 面，它的长是 4dm，宽是 3dm，是最大的面。

师：刚才没有想到这个 C 面，但现在想到的同学请举手。看来还有一部分同学没有想到，没有关系，老师这里有一块 A 面，有一块 B 面，谁来让大家都能想到这个 C 面？

（请一生上来操作拼的过程，让每个孩子能够想出 C 面。）

师：那么这个 C 面是一定存在的吗？

生：一定存在的，因为是无门的衣柜，即使少的那面是 C 面，也有 1 个 C 面是肯定存在的。也有可能两面 C 都在，所以 C 面一定在的。

师：那么这个 C 面还能大起来吗？

生：应该不能大了。

生：因为 A 面和 B 面一拼，其实这个长方体的长、宽、高就已经确定了，不能再大起来了。

［设计意图］通过思考判断无门木柜中最大面的环节，个性化地培养学生的空间想象能力，学生思维参与度高。通过"最大面一定在吗？还可以更大吗？"两个问题的追问，促使学生不断进行想象推理，在培养空间观念的同时进一步理解"长、宽、高"的意义。

（二）思考不同形状

师：这个木柜的容积是多少？

生：2×4×3=24（立方分米）

师：如果容积不变，这个柜子还可以做成什么形状？

（学生独立思考，将自己想出的形状记录在活动纸上。）

师：用手势告诉教师想出了几种？

（请学生汇报。）

生：想出了3种，长24dm，宽和高都是1dm；长8dm，宽3dm，高1dm；长6dm，宽2dm，高2dm。

师：有补充吗？

生：还有长12dm，宽2dm，高1dm；长6dm，宽4dm，高1dm。

师：怎样很快地想到这些形状？

生：三个数的乘积是24就可以了。

师：还有没有其他形状？

生：我做成了底面是三角形的一个柜子。

（展示学生画的图形。）

师：这个是否可以呢？一下子判断可能有困难，我们可以先回顾一下长方体的体积公式是怎么得到的？

生：我们是用小立方体块去摆的，长就是一排摆几个，宽就是摆了几排，高就是有这样的几层，乘起来就是一共有多少个小立方体。

（教师通过课件展示学生表述的过程，见图6-65。）

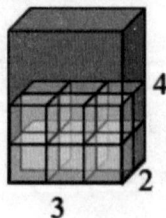

图 6-65

师：那底面变成三角形了，是否还可以呢？（课件出示图形，见图6-66。）

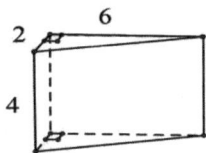

图 6-66

生：可以的，它的底面积是 $2×6÷2=6$（平方分米），高是 4 分米，$6×4=24$（立方分米）。

师：为什么可以这样算呢？

生：用底面积 × 高可以计算出体积。

师：为什么底面积 × 高就能算出体积呢？谁能来解释？

生：我们也可以用小立方体去摆，只是现在底面是三角形，先当成长方形的摆，摆完之后再切一半就可以了。

（教师通过课件演示，见图6-67。）

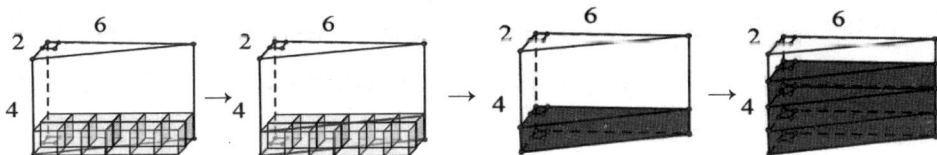

图 6-67

师：这里的底面积和高分别相当于什么呢？

生：底面积相当于一层能摆几个，高相当于摆了这样的几层。

师：那底面变成梯形可以吗？

（课件出示，见图6-68。）

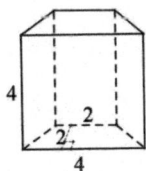

图 6-68

生：可以，底面积是（2+4）×2÷2=6（平方分米），相当于一层可以摆6个，高是4，就是摆了这样的4层，一共就是有24个小立方体。

师：谁能来说一说你对底面积×高有什么新的理解？

生：直直的柱体我们都可以用底面积×高来计算体积，底面积相当于一层的体积单位个数，高相当于有几层。

[设计意图] 通过思考"容积一定时还能做成怎样形状的柜子"这一问题，先想到长方体的形状，从无序到有序，发展了思维。再由长方体形状想到其他的直柱体，在培养学生空间观念的同时，也在复习长方体体积公式推导过程中进一步形象地理解底面积乘高的意义，有了新的认识和收获，增加了思维的深度和广度。

课后反思：

小学数学单元复习的目的是引导学生深化对知识的理解，弥补学习过程中的缺漏，把学过的本单元知识进行梳理和沟通，从而更好地理解掌握知识，发展数学思维和能力，提升学习数学的兴趣与信心，为进一步学习数学奠定更好的基础。可见，单元复习课的教学效率的高低关系到单元目标任务是否能圆满完成，也影响到学生今后在数学方面的发展。如何让复习符合学生的实际，充分发挥学生的自主性，让复习变得高效而不失学习兴趣，一直是一线教师探究的话题。本节课以"长方体和正方体整理与复习"为抓手，以自主复习为手段，以梳理知识提升能力为目的，做了一些思考与尝试。

（一）基于学生认知经验的回顾梳理，增强学生思维参与度

复习课应根据知识的重点、学习的难点和学生的薄弱点，引导学生按照一定规律把已学的知识进行分类、梳理、整合，弄清它们的来龙去脉，沟通其纵横联系，从整体上把握知识，使知识系统化。正是复习课有这样的功能，所以整理变成了复习课必不可少的环节。

本课的回顾整理环节充分体现了学生的自主性和能动性，由课前谈话观看"点动成线、线动成面、面动成体"动画后，直接切入主题，讨论如何整理本单元的知识。根据学生的建议，借助活动导学单在"点、棱、面、体"四个方面进行尝试整理，然后通过独立整理、同桌交流、全班汇报、分析知识点间联系等环节，将原本零碎

的知识点连成了片，增强了对知识的理解，减轻了记忆负担。

（二）基于学生解决问题的反思自省，让思维过程可视化

查漏补缺是复习课的一项重要功能。查漏补缺的前提是要知道学生缺在哪里，漏在何处。只有有针对性的查漏补缺才能形成高效的复习。

在本课中选择了恰当的实际问题为载体，依托活动导学单在解决问题的过程中将这一单元最容易出现的错误暴露出来，比如"面积和体积混淆""单位忘记换算""算几个面判断失误"等常见问题。然后进一步对这些错误借助出声分析、回溯反思、同伴提醒等形式，对每个错误点都进行了细致分析并赋予一定的意义，不但达到了查漏补缺的功能，而且通过这些错例提升了学生的反思、辨析能力。

（三）基于学生能力发展的拓展提升，促进学生深度思考

拓展与应用是复习课中的一项重要功能，可以达到温故而知新的效果。当然拓展方向的选择上可以是多样的，可以在知识的深度上进行突破、可以在知识的广度上进行联系，也可以在知识的实际运用方面进行强化，这些方向和维度可以根据不同的复习内容做出不同的选择。

在"长方体和正方休整理与复习"一课中，教师选择了在发展能力和知识理解深度两个方面进行了突破。通过给长、正方体加单位后想象是什么物品、无门的木柜已知两块木板的情况下想象最大的面等环节，充分给予学生空间想象的机会，并进行想象策略的指导，从而进一步发展学生的空间观念。通过找相同容积的木柜环节，学生进一步理解"体积＝底面积×高"的含义，底面积相当于一层的体积单位数量、高相当于层数，从而为后续继续学习柱体的体积打下了坚实的基础。

小学数学单元复习课中，要根据学情有针对性地设计教学，充分发挥学生复习的自主性，"从学生中来，到学生中去"，让学生感觉复习课很真实也很有收获，这样才能让复习做得更加合理、高效。

课例4 《简便运算整理与复习》
课前思考：

"简便运算整理与复习"是人教版《数学》六年级下册总复习的内容，每节总

复习课的设计，可以先去追寻如下几个问题：这节课复习的核心内容是什么，用什么思想与学习方式统整这些内容？学生对该模块有何困惑，在应用中会出现哪些典型错误？如何利用学生的错例来完善认知与培养反思能力？

具有良好的简便运算意识和技巧，不仅能提高运算能力和运算速度，而且能使学生把学到的定律和性质等达到融会贯通的境界，也是培养学生思维灵活性和创造性的有效途径。那么总复习阶段，如何对"简便运算"模块再做一次知识统整与求链呢？我们不可否认简便运算的核心思想是"凑整"，从而达到"简算"，而"凑整"的策略有许多，主要是根据数的特点进行"分解"与"组合"，而"分解"与"组合"的依据是什么呢？是定律、是性质等等。本节课通过让学生对简便运算试题的分类活动，让学生逐步体悟到这种思想方法，从而使学生能站在更高的视野看待"简便运算"，同时通过分类活动，疏通运算定律之间的联系与区别，达到修复知识、查漏补缺之效。

要提高毕业复习课的针对性和有效性，可能离不开对学生的"读懂"，"读懂"的内容包括知识层面与思维方式以及情感态度方面，通过前测、谈话、访谈等多种方式，了解学生的知识基础、简便运算中的困惑与学生差异。本课设计了几道前测题，调研学生知识掌握情况，并收集了学生中出现比较多的典型错例。通过活动导学单让学生进行分类整理，加深对运算定律的理解。通过让学生圈一圈错误、思一思错因、讲一讲对策等多种反思形式，让学生自己走入内心看待问题的根源，分析和研究错误的心理成因，寻找到合理而有效的方法去克服。在练习环节，根据典型错例，设计了相应的"跟进式练习"，力图做到"赢在失败"上。

教学目标：

1. 通过"分类活动"，整理与疏通运算定律、性质之间的联系与区别，弄清"简便运算"的来龙去脉，体悟到"凑整"思想。

2. 通过"错例诊断、跟进练习"，在真实场景中查漏补缺、自我反省，提高简便运算能力。

3. 通过"另眼鉴赏"，从另一个视野体验运算定律的应用价值。

教学过程：

一、自主编题，合作整理

1. 自主编题，选择展示。

师：昨天我们自己已经编了一些简便运算的题，教师收集了几道（见图 6-69），请仔细观察一下，它们是不是都符合要求？

你能选一题来说一说你知道它是怎么简算的吗？为什么这样算更方便？

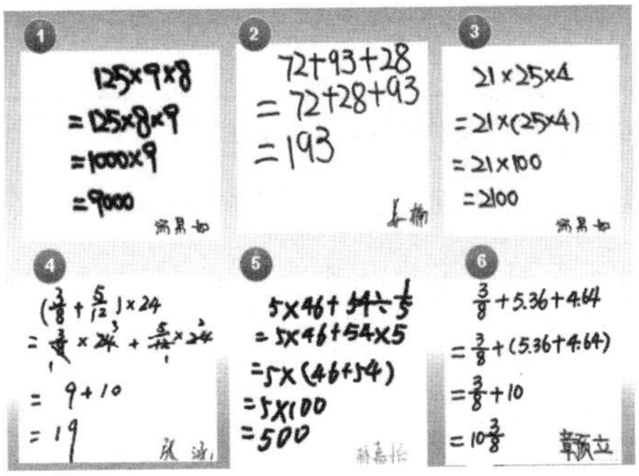

图 6-69

2. 小组活动，自主整理。

师：下面我们要将这些题在小组中进行讨论，请看活动导学单。

活动导学单

（1）独立思考：想一想这些题是怎么简算的？用到了哪些运算定律？ （2）请你把这些题按一定的标准分类。 （3）小组交流分类方法。	我是这样分类的（请用序号表示）

3. 反馈分享，梳理明晰。

组1：我们按照运算符号来分：第1、3题为一类，都用到了乘法；第2、6题一类，都用到了加法；第4、5题一类，既有加法又有乘法。

组2：我们依据题目所运用的运算定律分类：第1题一类，用了乘法交换律；第2题一类，用了加法交换律；第3题一类，用了乘法结合律；第4、5题一类，用了乘法分配律；第6题一类，用了加法结合律。

组3：第1、2题一类，用了交换律；第3、6题一类，都用了结合律；第4、5题一类，用了分配律。

教师按照学生的表述将五种定律的字母表达式在黑板上移动成3类，形成如下表格：

交换律	a+b=b+a	a×b=b×a
结合律	a+b+c=a+(b+c)	a×b×c=a×(b×c)
分配律	（a+b）×c=a×c+b×c	

[设计意图]分类整理的素材都是出自学生之手，符合学生的认知经验，也有一定的亲切感，学生在活动中就有能力也有兴趣进行分类整理。借助活动导学单让整个分类过程开放自主，对于多种分类方法的讨论，可以帮助学生进一步理解这五条运算定律，明确它们之间的联系和区别，特别是对于交换律一类、结合律一类、分配律一类这样分法的辨析，可以帮助学生理解这些运算定律的本质意义。

二、自我反思，查漏补缺

1.呈现前测，查找错误。

师：昨天在前测中我们运用这些运算定律做了5道题，你估计哪几题错误率会比较高？为什么？

这是我们班前测的每题错题人数统计图（见图6-70），你猜对了吗？

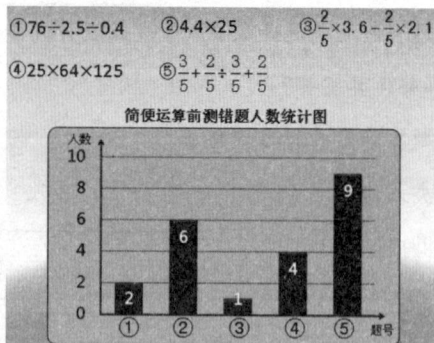

图6-70

2.自主反馈，辨析明理。

师：那具体错在什么地方呢？

教师收集了一些错例（见图6-71），请看活动导学单。

活动导学单

1. 请仔细观察同学做的题目，圈一圈错在什么地方？如何改正？

2. 跟同桌交流：这些错误对我们有什么启示？在做题时需要注意些什么？

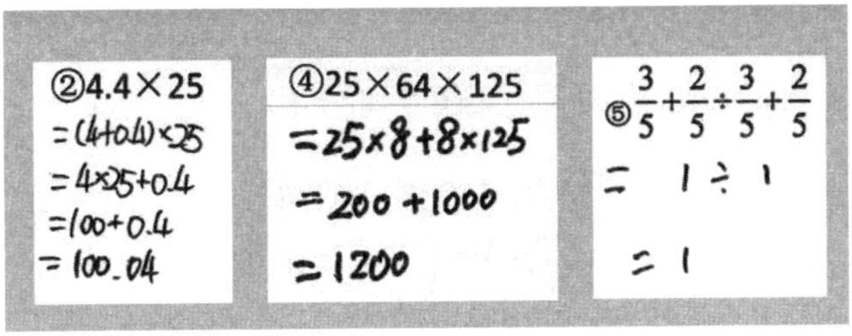

图6-71

师：哪位同学来说说②号题？

生：$4.4 \times 25 = (4+0.4) \times 25$，去括号时用到乘法分配律，不仅4与25乘，0.4也应与25乘。

教师追问：这道题可以有不同的简便算法吗？

生：还可以利用乘法结合律。

$$4.4 \times 25$$
$$=4 \times 1.1 \times 25$$
$$=4 \times 25 \times 1.1$$
$$=100 \times 1.1$$
$$=110$$

（教师依言在原题旁书写。）

师：看来同样是4.4，我们可以有不同的分拆方法使计算简便。（板书：灵活分拆）

师：④号题，$25 \times 64 \times 125$，算得对吗？你是怎么发现的？

生：这答案一看就是错的，结果是1200的话肯定太小了。

生：$64=8 \times 8$ 而不是$8+8$，应该是 $(25 \times 8) \times (8 \times 125)=100 \times 1000=100000$。

师：谁来说一说⑤号题？

生：除加混合运算中，应先算除后算加。

师：这位同学为什么会先加后除的呢?

生：我觉得他很有可能是被数误导的，看看前后都能凑1，就粗心大意了。

师：是的，我们不能看到两个数能凑整就随便组合，要注意它的合理性。

（板书：合理组合）

师：通过刚才的分析，你想对错误说什么?你估计错误又会对你说什么?

出示学生前测时完成的①号题（见图6-72）：

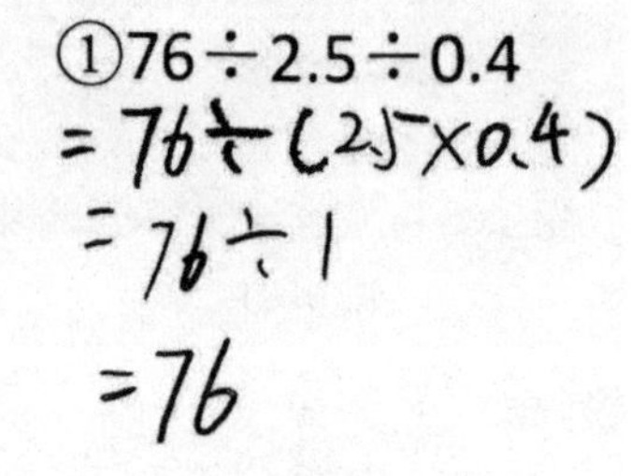

$$① 76 \div 2.5 \div 0.4$$
$$= 76 \div (2.5 \times 0.4)$$
$$= 76 \div 1$$
$$= 76$$

图 6-72

师：这样的组合合理吗?使用的是什么运算定律?对我们刚才整理的简便运算中常用的运算定律你有补充吗?

补充：除法的性质、减法的性质也可以让计算变得简便。

3. 跟进练习，及时巩固。

出示练习：

$$2 - \frac{5}{7} + \frac{2}{7} \qquad (0.7+0.7+0.7+0.7) \times 25 \qquad 5.8 \div 0.125 + 11.6$$

反馈交流方法。重点分析第3题，可以把÷0.125变为×8，这样比直接算要简便，还可以进一步将11.6变为5.8×2，这样就可以利用乘法分配律让计算更加简便。

［设计意图］本环节充分挖掘和利用学生的错例，以这些错例为载体，通过引导学生对自己或同伴的错误进行分析和讨论，充分暴露学生思考和计算中的盲点和薄弱点；在帮人反省和自我反省中，进一步提升学生的反思能力；及时进行相应的

跟进练习，将查漏补缺落到实处。

三、回顾提炼，拓展提高

1. 回顾整理，提炼思想。

师：今天我们接触了很多简便运算的题目（课件上展示多道题目，见图 6–73），那么这些题目有什么共同的特点？

$$\begin{aligned}&125\times9\times8\\=&\underline{125\times8}\times9\\=&\underline{1000}\times9\\=&9000\end{aligned}$$

$$\begin{aligned}&4.4\times2.5\\=&\underline{4\times25}\times1.1\\=&\underline{100}\times1.1\\=&110\end{aligned}$$

$$\begin{aligned}&(\frac{3}{8}+\frac{5}{12})\times24\\=&\underline{\frac{3}{8}\times24}+\underline{\frac{5}{12}\times24}\\=&\underline{9}+\underline{10}\\=&19\end{aligned}$$

$$\begin{aligned}&76\div2.5\div0.4\\=&76\div(\underline{2.5\times0.4})\\=&76\div\underline{1}\\=&76\end{aligned}$$

$$\begin{aligned}&(0.7+0.7+0.7+0.7)\times25\\=&0.7\times(\underline{4\times25})\\=&0.7\times\underline{100}\\=&70\end{aligned}$$

图 6–73

学生反馈交流后教师提炼：虽然用到的运算定律和性质不一样，但都有相同的思路，不管是分数、小数还是整数，都在凑整。在凑整的过程中我们要注意：灵活分拆、合理组合，它们的依据是运算定律和性质，最终目的都是让计算变得简便。

2. 沟通知识，拓展运用。

教师呈现 48×36 的竖式（见图 6–74），想一想这里有运算定律吗？

$$\begin{array}{r}48\\\times\quad36\\\hline288\\144\\\hline1728\end{array}$$

图 6–74

生：竖式中运用了乘法分配律，将 48×36 转化成 48×6+48×30 进行计算。

师：三年级的学弟和学妹中有人这样计算 578×4（见图 6–75），你能看懂他的意思吗？

$$
\begin{array}{r}
578 \\
\times \quad 4 \\
\hline
2032 \\
28 \quad \\
\hline
2312
\end{array}
$$

图 6-75

生：是利用了乘法分配律将 578×4 转化成 508×4 + 70×4 来进行计算，这样计算就避免了连续进位，三位数乘一位数可以利用这样的方法来进行口算。

教师出示一个圆环。

师：圆环的面积怎么计算？这里有运算定律吗？

生：计算圆环面积的过程中也用到了乘法分配律。

[设计意图] 本环节在两个方面进行拓展。一方面让学生整体观察多个简便运算算式，从而能在更高层次上认识和思考简便运算。明确简便运算是一个"整体观察，逐步凑整"的过程，采用的策略就是"灵活分拆、合理组合"，依据是"位值原则以及运算定律、性质"等，这样的提升对于六年级的总复习是非常必要的。另一方面，教师通过让学生观察乘法竖式，发现列竖式的过程中运用了乘法分配律，而且让学生体会到利用乘法分配律可以很简单地计算三位数乘一位数，对已经熟悉的知识有了一种新的认识，进一步感受数学知识之间的联系。

课后反思：

小学数学总复习的教学是对小学阶段所学知识进行系统梳理，对薄弱处进行查漏补缺，并用统整性、结构化的眼光再次思辨理解这些知识，从而生成新的收获。由于近六年的学习积累，学生在数学上的发展差异明显，如何让总复习教学变得更有针对性、提高学生的参与度，是一线教师值得探究的话题。

"简便运算"是小学阶段计算学习内容中的重要部分，具备良好的简算意识、掌握一定的简算技巧，是学生具有较高运算能力的体现。在本课的实践过程中重点体现了以下几个方面：

1. 基于学生原始起点的前测诊断

复习要做到有针对性，既要以知识认知体系中的重点、难点知识为主进行复习，又要根据学生的具体学习情况，针对学生在知识掌握上的薄弱环节，因材施教，提高复习效率。要了解学生的学情，可以通过教师对学生平时学习情况作出判断，但往往这样的判断会受限于教师的主观意见，比较科学的方法就是通过一个简单的前测来了解班级学生在某个知识点上存在的共性或个性的问题，然后再针对这些问题进行有的放矢的复习。

在前测设计时需要注意前测问题的针对性、学生完成的可能性、完成前测所需要的时间这三方面的因素。为了更准确地反映出不同孩子的情况，在前测中可以设置一些具有开放性的问题，利用开放性包容学生的差异性，让学生的学情得到真正的暴露。前测中发现的一些共性的问题，可以作为课堂上后续进行查漏补缺的素材和方向。

本课的前测，分为两个部分，第一部分让学生自由编写一些可以用简便计算的题目，第二部分完成教师出的 5 道计算题（怎样简便怎样算），题目如下：

① $76 \div 2.5 \div 0.4$，　② 4.4×25，　③ $\dfrac{2}{5} \times 3.6 - \dfrac{2}{5} \times 2.1$，　④ $25 \times 64 \times 125$，

⑤ $\dfrac{3}{5} + \dfrac{2}{5} \div \dfrac{3}{5} + \dfrac{2}{5}$。前测的第一部分用意在于了解学生对于简便运算的熟悉程度，从学生自己出题的情况了解班级整体及学生个体的水平。第二部分是想查找学生在简便运算方面薄弱的地方在哪里，以便可以进行有针对性的查漏补缺。这两部分前测的内容都成为后续课堂展开的依据与素材。

2. 基于学生认知经验的分类整理

整理知识是总复习教学中不可缺少的环节，可以促使学生对已学知识进行结构化、板块化的梳理，经历知识学习"从厚到薄"的过程。

在总复习的教学中，教师在处理整理知识这一教学环节时，往往会出现两种极端：一类教师为了节省时间，将需要整理的内容已经进行了分类整合，学生只要完成几个填空就可以，或是进行机械地默写，没有体现学生的自主性。另一类教师则出示一句指导语："用你自己喜欢的方法（如列表、画图等）来整理这些知识"，看上去学生很自主，但是往往学生的反应是不知所措，不知所措的原因有可能是学生原有知识没有完全被激活，也有可能是学生不知道整理的方法。所以组织学生进

行整理，既要避免"撒胡椒粉式"的机械罗列，也要避免"假、大、空"的复习要求，教师在指导整理时应有所作为，要提供基于学生认知经验的复习整理素材、要以具体的任务驱动整理复习。

本课中利用学生自己编的 6 道题目，利用活动导学单对这些题目进行辨析，学生自然而然地回顾了旧知——五条运算定律。多种分类方法的讨论，可以帮助学生进一步理解这五条运算定律，明确它们之间的联系和区别，特别是对于交换律一类、结合律一类、分配律一类这样分法的辨析，可以帮助学生理解这些运算定律的本质意义。这样带有任务驱动的在具体问题情景中的回顾整理达到了比较好的效果。

3. 基于学生错误剖析的反思提升

查漏补缺是总复习课的一项重要功能。查漏补缺的前提是要知道学生缺在哪里，漏在何处。只有有针对性的查漏补缺才能形成高效的复习。

在"简便运算整理与复习"一课课前，教师已经给学生做了 5 道前测题，课中教师就先呈现这 5 道题目。利用活动导学单，对典型错例分析交流、审辩思考，让这些错例发声，充分暴露学生思考及反思的过程，在帮人反省和自我反省中，进一步提升了学生的反思能力，并马上进行相应的跟进练习，将查漏补缺落到实处。最后引领学生整体观察简便运算，让学生能在更高层次上去认识和思考简便运算，这样的提升对于六年级的总复习是非常必要的。

4. 基于学生知识沟通的拓展应用

拓展与应用是总复习课中的一项重要功能，可以达到温故而知新的效果。当然拓展方向的选择上可以是多样的，可以在知识的深度上进行突破、可以在知识的广度上进行联系，也可以在知识的实际运用方面进行强化，这些方向和维度可以根据不同的复习内容做出不同的选择。

在本课中，选择了在知识的广度上求联，意在让学生对简便运算有更深刻的认识。教师通过让学生观察乘法竖式，发现列竖式的过程就是运用了乘法分配律，而且让学生体会到利用乘法分配律可以很简单地计算三位数乘一位数，是对已经熟悉的知识的一种新认识。通过学习，学生进一步地感受到数学知识间的共通性，体会到数学学习是一个"从薄到厚"，再"从厚到薄"的过程。

　　小学数学总复习课中，教师要以学生"学得怎样"为立足点，充分暴露学生的原有水平，根据学情有针对性地设计教学，"从学生中来，到学生中去"，让学生感觉其实复习离自己很"近"，很"真实"，这样才能让复习做得更加合理、高效。

参考文献

[1] 董丽梅 . 小学数学双自主教学中学生个体差异处理策略研究 [D]. 山东：山东师范大学，2011.

[2] 董小菡 . 基于学情的小学数学家庭作业差异化的设计研究 [D]. 济南：山东师范大学，2019.

[3] 华国栋 . 差异教学论 [M]. 北京：教育科学出版社，2001.

[4] 华国栋 . 差异教学策略 [M]. 北京：北京师范大学出版社，2009.

[5] 华丽英 . 基于差异教育理念下小学数学随堂卡的实践研究 [D]. 杭州：杭州师范大学，2012.

[6] 赫克斯 . 差异教学：帮助每个学生获得成功 [M]. 杨希洁，译 . 北京：中国轻工业出版社，2004.

[7] 赫克斯 . 差异教学：帮助每个学生获得成功 [M]. 杨希洁，译 . 北京：中国轻工业出版社，2004.

[8] 吕型伟 . 直面差异：来自杭州天长小学的教育叙事 [M]. 北京：人民教育出版社，2004.

[9] 楼朝辉，庞科军 . 差异教学的思考与实践 [M]. 杭州：浙江教育出版社，2018.

[10] 孔凡哲 . "导学案"与"先学后教"异化现象及其问题诊断 [J]. 教育科学研究，2012（9）:27-30.

[11] 姜智，华国栋 . "差异教学"实质刍议 [J]. 中国教育学刊，2004 (4):54-57.

[12] 刘佛年.回顾与探索：若干教育基本理论问题的研究 [M].上海：华东师范大学出版社，1991.

[13] 史爱荣，孙宏碧.教育个性化和教学策略 [M].济南：山东教育出版社，2001.

[14] 斯苗儿.小学数学课堂教学案例透视 [M].北京：人民教育出版社，2003.

[15] 汤姆林森.多元能力课堂中的差异教学 [M].刘颂，译.北京：中国轻工业出版社，2003.

[16] 唐彩斌.怎样教好数学：小学数学名家访谈录 [M].北京：教育科学出版社，2013.

[17] 吴恢銮.差异课堂 (小学数学差异教学探索)[M].杭州：浙江大学出版社，2015.

[18] 王莉.正视小学数学课堂教学中的差异性评价 [J].数学教学通讯，2016（10）20–21.

[19] 王艳艳.导在关键处 点在愤悱时：阅读教学中"导学单"的设计与运用 [J].语文知识，2017（1）:69–71.

[20] 夏正江.一个模子不适合所有的学生：差异教学的原理和实践 [M].上海：华东师范大学出版社，2008.

[21] "小学数学分层异步教学策略研究"课题组.小学数学分层异步教学的实施策略 [J].中国教育学刊，2006（11）57–60.

[22] 许晓博.小学数学利用学习卡片进行差异教学的探索 [D].吉林：东北师范大学，2012.

[23] 杨玉东，巩子坤.小学数学教师专业能力必修 [M].重庆：西南师范大学出版社，2012.

[24] 叶立军.数学课程与教学论 [M].浙江：浙江大学出版社，2016.

[25] 曾继耘.差异发展教学研究 [M].北京：首都师范大学出版社，2010.

后　记

伊萨克·狄斯里犁曾说："行动不一定每次都带来幸运，但坐而不行，一定无任何幸运可言。"确实如此，行动与幸运密不可分。看着自己的书稿即将付梓，我内心充满着庆幸，庆幸自己身边有这么多领导、专家、朋友关心着我的成长，庆幸教育局和学校给了老师这么好的发展平台，庆幸自己中途没有轻言放弃，庆幸自己被诸多幸运眷顾。

书稿中沉淀着我从教生涯的积累和收获，自己一路走来，感受颇多：弹指一挥二十载，青春虽逝情不改。

一、青涩稚嫩　在呵护中自由生长

2002 年初夏，刚满 20 周岁的我从平湖师范学校毕业分配到杭州市天长小学。作为一名青涩的毕业生，能够成为一所名校的数学教师，已是非常幸运。更幸运的是，学校安排了特级教师杨薇华作为我的师父。回想那时，杨老师每天都来随班听课。过于稚嫩的我课上得总是不够理想，这时杨老师就亲自上讲台示范：如何创设情景、如何恰当提问、如何有效反馈、如何关注差异……毫无保留地手把手指导。杨老师的悉心教导深深影响着我，每晚认真备课，课后及时反思，就这样，杨老师带了我整整两年。杨老师的教导让我明白了"一节课有没有完成教学任务，只要看班里最弱的几个孩子是否掌握就行了"，"弱的孩子不是不想做题目，是他们不知道怎么做，需要我们提供帮助","要时刻关注学生的差异,让所有的孩子在课堂上都有事干"。这些课堂上最朴素的道理,为我的专业发展打下了纯正而浑厚的基础。

在这之后,我又有幸得到了翁秀萍老师、任敏龙老师、唐彩斌老师等导师的悉心指导,在专业上更进一步,先后获得了上城区教坛新秀、杭州市青年教师优质课评比一等奖、杭州市教改之星金奖等荣誉。

二、小有起色　在团队中砥砺前行

2007年9月,对我来说是一个特殊的月份。上城区成立了朱乐平名师工作站,我抱着试一试的心态报了名。幸运降临,我顺利通过了考核,成为工作站第一届学员中最年轻的那个。开班仪式上我暗暗下决心:我一定要踏踏实实地学、认认真真地做。就这样,在朱老师和班主任邵虹老师带领下,我们一起读书、一起研究、一起写作,用组队对抗惰性、用思辨促进成长。"成为一个好的数学老师,可以是人生的一个目标,或许这个目标不能与生命同生,但要追求与生命共存。""只有精细地研读数学教材,才有可能看到编者闪光的思想。""数学教师想要把学生引导到想去的地方,首先要知道学生现在在哪里。""数学教师在引导孩子学习时,深深的数学术语要浅浅地说,长长的推理过程要慢慢地走。"……朱老师的教诲让我明白了如何做一名数学教育人,为我的专业发展照亮了前方的路。

我在工作站参与编著并出版了2本教学研究专著,并在各类专业杂志上发表论文或案例9篇,工作站的学习研究经历,为这本书稿的写作打下了坚实的基础。在这期间,我的专业成长也有了明显起色。在张天孝老师和朱乐平老师的指导下,我参加全国小学数学教育峰会教学展示,并获好评。我还先后获得了浙江省教改之星金奖、杭州市教坛新秀、上城区学科带头人等荣誉。

三、羽翼渐丰　在平台中淬火锤炼

一个人的历练需要有好的平台来促进和打磨,2013和2014年有两个重量级的平台又向我敞开怀抱。

2013 年 5 月，我代表杭州市参加浙江省小学数学课堂教学评比，这是浙江省内最高级别的赛事，也被浙江小数界称为"魔鬼赛事"。省教研员斯苗儿老师提前 3 个月公布赛课内容所处板块："六下总复习"。在三个月的准备时间里，我几乎把所有总复习的内容都进行了研读、设计与实践。抽签时那种既兴奋又紧张的感觉到现在还记忆犹新，最终我执教的"简便运算复习与整理"一课得到了专家评委们的认可，获得了第一名的好成绩。这次赛课的磨砺让我变得相对成熟，更加坚信在课堂上坚持"基于学生、真实学习、关注思辨、注重内化"的重要性，这成为我今后课堂实践的准则，也促使我真正蹲下身来观察学生、读懂学生。正因为有了这次比赛的历练，在 2019 年 12 月的华东六省一市课堂教学评比中，我显得更为从容，在省、市、区教研员斯苗儿、平国强、邵虹、吕琼华老师的倾力帮助下圆满完成了教学展示，获得了一等奖的好成绩。

2014 年，另一个平台又在不经意间走进了我的教学生涯。这一年，上城区首次成立名师工作坊，我申报并成为区内首个小学数学名师工作坊领衔人，在上城区教育学院附属小学成立工作坊并支教三年。三年时间里，我与坊员们一同研究、一起实践、共同进步。支教结束时，工作坊被评为区首届名师工作坊中唯一的优秀名师工作坊，我也成为首届名师工作坊优秀领衔人，在这期间也被评为浙江省教坛新秀、上城区特级教师。名师工作坊的三年也正是我就读杭州师范大学在职研究生的三年，杭师大的叶立军教授成了我的导师。正是有了叶教授的悉心指导，才有了本书中的"活动导学单研究"，我也才有了引领着一个团队朝着一个方向不断前行的勇气和能力。名师工作坊的平台让我深刻体会到：助人即自助，投入即幸福。

四、对标优秀　心怀感恩再度出发

2017 年，上城区实施首届"未来名师"培养工程，在全区中小学各学科遴选 20 名教师，委托杭州市师干训中心进行为期三年的培训。我非常幸运地成为其中一员，跟着优秀的同伴们一起学习、一起研讨，感受到了什么是"比你聪明的人还比你更加勤奋"，深知唯有静心学习、踏实实践，方能向优秀的同伴看齐。幸运的是，杭师大的巩子坤教授成为我的导师，巩教授对我的木讷、迟钝包容有加，不厌其烦地给我指导。尤其是在指导我的书稿写作时，可以说是竭尽全力，从选题、确定书稿结构、章节设置到行文方式、表达方法，再到具体文字呈现，每个方面都一一指导、细细修改。由于自身水平有限，书稿的最终呈现跟巩教授的要求还有一定的距离，但这次写作的历练确实让我又有所成长。

2019 年，我又有幸成为浙派名师培养对象，在吴卫东老师的引领下，跟来自全省的优秀数学教师一道继续探索数学教育研究之路。令我印象最深的是，疫情期间，吴卫东老师带领我们一起进行《教师人文读本》的阅读和云分享，让我感受到人的教育是如此博大，教育的慈悲就是要"给予学生快乐，拔除学生痛苦"，既要有这样的心，也要不断积蓄这样的力量。"愿自己的美好成就孩子的美好"成了我专业成长的重要动力来源。

书稿即将刊印，要说的感谢真的太多太多。感谢领导和专家们的关心和帮助，感谢杭州市天长小学和上教院附小的同事们的包容和支持，感谢家人的理解和体谅，感谢浙江大学出版社和谢焕编辑的认真和付出。感谢一路走来带给我幸运的每一个人和每一件事，感恩过去，不畏将来，初心不改，踏实前行。

由于学力和时间有限，本书一定存在不少疏漏或错谬，还请读者朋友不吝批评和指正。

张 麟

2021 年 10 月